艺苑奇葩——

齐白石

白　巍　著

兰州大学出版社

图书在版编目(CIP)数据

艺苑奇葩——齐白石/白巍著.—兰州:兰州大学出版社,1996.4(2008.11重印)

ISBN 978-7-311-03215-9

Ⅰ.艺… Ⅱ.白… Ⅲ.齐白石(1863～1957)—传记 Ⅳ.K825.72

中国版本图书馆CIP数据核字(2008)第167374号

责任编辑 王永强
装帧设计 杨 群 潘文彬

书 名 艺苑奇葩——齐白石
作 者 白 巍 著
出版发行 兰州大学出版社 (地址:兰州市天水南路222号 730000)
电 话 0931-8912613(总编办公室) 0931-8617156(营销中心)
0931-8914298(读者服务部)
网 址 http://www.onbook.com.cn
电子信箱 press@lzu.edu.cn
印 刷 兰州人民印刷厂
开 本 880×1230 1/32
印 张 5.75
字 数 179千字
版 次 1996年4月第1版
印 次 2011年6月第3次印刷
书 号 ISBN 978-7-311-03215-9
定 价 9.50元

目　　录

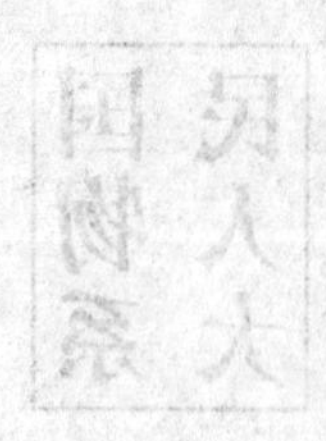

第一章　少年时代

家　世

齐白石，生于1864年1月1日（清同治二年十一月二十二日），湖南省湘潭县人。

按齐家辈份的排法，齐白石这一辈为“纯”字辈。于是祖父为他取名纯芝，字渭清，又字兰亭。后来他做了木匠，人称芝木匠。1889年（清光绪十五年）27岁时，他拜胡沁园、陈少蕃为师，改名为齐璜，号濒生，又号白石山人。可大家叫他时，都略去山人二字，只叫齐白石。他就遵从大家的叫法，改称为齐白石了。

齐白石一生刻印作画，还用了许多别号，除白石山人外，据他回忆：

> 其他还有木居士、木人、老人、老木一，这都是说明我是木工出身，所谓不忘本而已。杏子坞老民、星塘老屋后人、湘上老农，是纪念我老家所在的地方。齐大，是戏用“齐大非耦”的成语，而我在本支，恰又是排行居首。寄园、寄萍、老萍、萍翁、寄萍堂主人、寄幻仙奴，是因为我频年旅寄，同萍飘似的，所以取此自慨。当初取此“萍”字做别号，是从濒生“濒”字想起的。借山吟馆主者、借山翁，是表示我随遇而安的意思。三百石印富翁，是我收藏了许多石章的自嘲。[1]

齐白石的祖辈世代务农。据《白石老人自述》，其祖上为江苏省砀山县人氏，大约于明朝永乐年间（1403—1424年）迁到湘潭。清朝乾隆年间（1736—1795年），齐白石的高祖齐添镒，把家从晓霞峰的百步营搬到杏子坞的星斗塘。曾祖齐潢命，排行第三，人称命三爷。祖父齐万秉，号宋交，生于1808年（清嘉庆十三年十一月二十二日），因大排行是第十，人称齐十爷。他性情刚直，疾恶如仇。他经历了太平天国的兴盛衰亡，憎恨那些横行乡里的湘兵，曾忿忿地对人说："长毛并不坏，人都说不好，短毛真厉害，人倒恭维他，天下事还有真是非吗?"齐十爷于1874年（清同治十三年）去世，享年67岁。祖母马氏，生于1813年，1831年（清道光十一年）嫁给齐十爷，人称齐十娘。她10岁时母亲去世，跟着父亲马传虎艰难度日。她温顺善良，吃苦耐劳。1902年1月28日（清光绪二十七年十二月十九日）去世，享年89岁。

齐白石的父亲齐贯政，号以德，生于1840年2月1日（清道光十九年十二月二十八日），敦厚憨直，语言不多，是个胆小怕事、遇事宁可自己吃亏的老实人。1926年（民国15年）8月12日辞世，享年88岁。母亲周氏，生于1845年10月8日（清道光二十五年九月初八）。娘家住在离星斗塘不远的周家湾。周氏的父亲周雨若十年寒窗苦读，饱学经书，是百里乡间闻名的老夫子。他秉性耿直，不趋炎附势，尤其对当时清廷统治的腐败，科场的黑暗深恶痛绝，于是绝念仕途，隐居乡里，成为一个过着清贫、淡泊生活的教蒙馆的先生。也许是现实生活的影响，他摒弃了门第之见，决定把女儿嫁给勤劳、善良、能自食其力的农民，而不愿女儿嫁给一个空有学问，却不能以此养家的书生，过和自己一样清贫的生活。1861年（清咸丰十一年），17岁的周氏与齐以德结婚。旧时湘潭乡间有这样的风俗，媳妇娶过来的头天，婆婆要看看媳妇的嫁妆，叫做"检箱"。周氏娘家穷，没有什么值钱的东西，自己觉得有些寒酸。婆婆也是个穷出身但能撑得起家的人，对她说："好女不着嫁时衣，家道兴旺靠自己，不是靠娘家陪嫁东西来过日子的。"周氏听了很感动，婚后三天就下厨房干活。她从小受父亲的熏陶，知书达理，上能孝敬公婆，下能体贴丈夫，勤俭持家，粗活细活样样都干。白石老人怀着对母亲无比敬爱的心情回忆道：

> 我们家乡，做饭是烧稻草的。我母亲看稻草上面，常常有没打干净剩下来的谷粒，觉得烧掉可惜，用捣衣的椎，一椎一椎地椎了下来，一天可以得谷一合，一月三升，一年就三斗了，积了差不多的数目，就拿去换棉花。又在我们家里的空地上，种了些麻，有了棉花和麻，我母亲就春天纺棉、夏天绩棉。我们家里，自从母亲进门，老老小小穿用的衣服，都是用我母亲自织的布做成的，不必再

到外面去买布。我母亲织成了布，染好了颜色，缝制成衣服，总是翁姑在先，丈夫在次，自己在后。嫁后不两年工夫，衣服和布，足足的满了一箱。我祖父母是过惯了穷日子的，看见了这么多的东西，喜出望外，高兴得不得了，说："儿媳妇的一双手，真是了不起。"她还养了不少的鸡鸭，也养过几口猪，鸡鸭下蛋，猪养大了，卖出去，一年也能挣些个零用钱，贴补家用的不足。[2]

周氏共生有 6 男 3 女，日子过得虽清贫，却也和美舒畅。她用自己勤劳的双手，把家里的生活安排得井井有条。1926 年 4 月 26 日，周氏去世，享年 82 岁。

齐白石出生的年代，席卷大半个中国、历时 14 年之久的太平天国大起义，刚刚被曾国藩率领的湘军镇压。湖北、江西、安徽、江苏、浙江是太平军作战的主要省份。连年的战争使这一带的经济受到很大破坏。皖南及江宁附近，"数十里野无耕种，村无炊烟"（曾国藩语），"苏省一望平芜，荆榛塞路，有数里无居民者，有二三十里无居民者"（李鸿章语），浙江"人物凋耗，田土荒芜"，"残黎喘息仅属者，昼则撷野菜为食，夜则就土块以眠"（左宗棠语）。湖南是湘军的老巢，太平军西征军及石达开部虽一度打到过湖南，但不久即退出。相对长江流域其他省份，这里农民的生活还算稳定。湘军攻陷金陵后，大肆抢掠，人人富有。不久曾国藩撤裁湘军，大批湘兵解甲归田，买房置地，自以为剿"发逆"有功，横行乡里，欺压良民。正如白石祖父所言，"短毛"（指湘兵）不比"长毛"（指太平军）好，可以说是无恶不作。

齐白石家有几间老屋，屋虽破，住倒不发愁。有一亩水田，人称"麻子丘"，在齐家大门外晒谷场旁边，比别人家的一亩地大不少，好年成可以打五六石稻谷。年成不好的时候，白石的祖父、父亲只好外出打零工。打一天零工只能挣二十几个制钱，还不是天天有得做。没有零工打的时候就上山打柴，卖点零钱。

白石出世时，祖父 56 岁、祖母 51 岁、父亲 25 岁、母亲 19 岁。祖父母只生有白石父亲一人，白石又是长孙，他的到来，给这个贫苦的家庭带来了无限的欢乐。齐十爷给他取名"纯芝"。小小的阿芝成了一家人的中心。

白石幼时，身体不好，他回忆说：

我出生以后，身体很弱，时常闹病。乡间的大夫，说是不能动荤腥油腻，这样不能吃，那样不能吃，能吃的东西，就很少的了。吃奶的孩子，怎能够自己吃东西呢？吃的全是母亲的奶。大夫这么一说，就由我母亲忌口了。可怜她爱子心切，听了大夫的话，不问可靠不可靠，凡是荤腥油腻的东西，一律忌食，恐怕从奶汁里过渡，对我不利。逢年过节，家里多少要买些鱼肉，打打牙祭。我母亲总是看着别人去吃，自己是一点也不沾唇的，忌口真是忌得干干净净。[3]

3岁前的齐白石，体弱多病。为给他看病，祖母和母亲到处请大夫，没钱吃药，就到药铺去说好话，求人情，赊药来吃。旧时农村缺医少药，不少人生了病就去求神拜佛。齐白石的祖母是个虔诚的佛教徒，为了孙子，婆媳两人三天两头到寺里去烧香磕头，叩祷他的病能早早治好。

两湖地区，古时称楚。1949年在湖南长沙陈家大山楚墓发现了一幅帛画，名为《人物龙凤帛画》。画中一妇人侧身而立，在龙、凤的引导下升往仙境。这正是楚地巫神迷信思想浓重的反映。屈原在《楚辞·远游》中亦云："仍羽人于丹丘兮，留不死之旧乡。"到六朝时，此道仍兴而不衰。《古小说钩沈》引梁殷芸《小说》云："汉王瑗遇鬼物，言蔡邕作仙人，飞去飞来，甚快乐也。"

1978年在湖北随县擂鼓墩发现了曾侯乙墓。该墓出土的漆内棺上描绘了神怪形象，其中有驱除疫疠的方相士。《周礼·夏官·方相士》记载："方相士掌蒙熊皮，黄金四目，玄衣朱裳，执戈扬盾，帅百隶面时难（傩），以索室驱疫"。民间又传说，黄帝元妃嫘祖死于道，令次妃嫫母监护于道，因以嫫母为方相士。大概因为嫫母相貌丑陋，所以才有这样的逐疫驱鬼的神。两千年后的湖南乡间，仍盛行巫师作法驱疫的风俗。

白石的祖母、母亲在没有办法的时候，也常常把巫师请到家里，为白石求神驱疫。钱没少花，病却没见什么好转。随着年龄的增长，白石的病也渐渐好了。祖母和母亲虽然很高兴，但还是特别在意，生怕他的病再犯。母亲仍旧是不沾荤腥油腻，祖母下田干活还要把他背在背上。婆媳俩常说："自己身体委屈点，劳累点都不要紧，只要心里的疙瘩解消了，不担忧，那才是好的哩！"[4]

1866年，阿芝虚岁4岁。这年冬天，他的病一下子全好了，完全像一个正常的孩子，全家人像搬掉了心头上压着的一块大石头，都松了一口气。

1867年（清同治六年），阿芝的弟弟纯松出生，号效林。

启 蒙

杏子坞又名杏花村，位于湘潭县城南100里的莲花峰、白石铺、烟墩岭三角地之间。有一小山脉自白石铺的枫林亭蜿蜒入坞中，其状似蛇，叫“蛇形嘴”。山下有水塘称星斗塘，位于杏子坞的东头，紫云山的山脚下，群山环抱，风景秀丽，一片翠郁葱茏的景象。塘水平静，鱼虾欢游其中，水面长满了荷花。

关于星斗塘，有个美丽的传说。在很久以前，杏子坞一带的稻田水源困难，一个仙人知道后便从天上扔下一块大石头，把地面砸了一个大坑，变成了水塘，以后人们就称它为星斗塘。

阿芝就生活在这样一个山清水秀，但又偏僻封闭的小山村中。阿芝的祖父齐十爷是个颇有见地的农民，他认为读书识字，是件很了不起的事情，识字才能不受人欺侮。小的时候家贫上不了学，他就自己偷偷地学，识得几百个字。他要把自己所认得的字全部教给孙子。

如果说活在世上有快乐的话，那这最大的快乐就是长孙阿芝带给他的。齐十爷每天收工回来，最快乐的时光就是逗孙子玩。冬天到了，他穿着自己唯一的一件好衣服——一件皮板挺硬、毛又掉了一半的黑山羊皮袄，衣襟敞开，把阿芝裹在胸前。湖南的冬天又阴又冷，阿芝家常常拣些松枝在炉子里烧火取暖。齐十爷抱着阿芝，一边烤火，一边就开始了阿芝的启蒙教育。那一年是1866年，阿芝虚岁4岁。

阿芝认的第一个字就是“芝”字。齐十爷用通炉子的铁钳子，在松柴灰堆上，比划着写了个“芝”字，并对阿芝说：“这是你阿芝的芝字，你记准了笔画，别把它忘了。”从此以后，齐十爷每隔两三天，就教阿芝识一个字，并天天温习。他常对阿芝说：“识字要记住，还要懂得这个字的意义，用起来会用的恰当，这才算识得这个字了。假使贪多务博，识了转身就忘，意义也不明白，这是骗骗自己，跟没有识一样，怎能算是识字呢？”[5]

阿芝身体虽比较弱，但非常聪明，识字很快，教一个识一个，并能不忘记，全家人见了都非常欢喜。这一段时光对他以后读书习惯的养成起了重要作用，培养了他的学习兴趣。到成名之后，他仍念念不忘。《为八题霜灯画荻图》中曾有这样的诗句："柴火炉钳夜画灰"，并注曰："余四岁时天寒围炉，祖父就松火光以柴钳画灰教识阿芝二字。"[6]

这样的识字生活持续了几年。到阿芝 7 岁那年腊月，阿芝把祖父识得的 300 多个字全部学会了，连每个字的意思都能讲解得清清楚楚。齐十爷一方面为孙子的聪明好学而高兴，一方面又为自己家贫供不起孙子读书而愁苦。阿芝的母亲看透了齐十爷的心事，就说："儿媳今年椎稻草椎下来的稻谷，积了四斗，存在隔岭的一个银匠家里，原先打算再积多一些，跟他换副银钗戴的。现在可以把四斗稻谷的钱取回来，买些纸笔书本，预备阿芝上学。阿爷明年要在枫林亭坐个蒙馆，阿芝跟外公读书，束脩是一定免了的。我想，阿芝朝去夜回，这点钱虽不多，也许够他读一年的书。让多识几个眼门前的字，会记记账，写写字条儿，有了这么一点挂数书的书底子，将来扶犁掌耙，也就算个好掌作了。"[7]

阿芝上学读书的事就定下来了。应该说阿芝是幸运的，虽生在贫寒的农民家庭，但有明事理的长辈，宁可节衣缩食，也要孩子受教育。这个勤劳、正直的农民家庭，还培养了阿芝疾恶如仇、痛恨贪官污吏的优秀品质。在阿芝的童年，有这样一件事：

> 我六岁那年，黄芋堆子到了一个新上任的巡检（略似区长），不知为了什么事，来到了白石铺。黄芋堆子原名黄芋岭，也是个驿站，比白石铺的驿站大得多，离我们家不算太远，白石铺更离得近了。巡检原是知县属下的小官儿，论它的品级，刚刚够得戴个顶子。这类官，流品最杂，不论张三李四、阿猫阿狗，花上几百两银子，买到了手，居然走马上任，做起"老爷"来了。芝麻绿豆般的起码官儿，又是花钱捐来的，算得了什么东西呢？可是"天高皇帝远"，在外省也能端起了官架子，为所欲为地作威作虐。别看大官势力大，作恶多，外表倒是有个谱了，坏就坏在他的骨子里。惟独这些鸡零狗碎的玩艺儿，顶是不好惹的，他虽没有权力杀人，却有权力打人的屁股，因此，他在乡里，很能吓唬人一下。
>
> 那年黄芋驿的巡检，也许新上任的缘故，排齐了旗锣伞扇，红黑帽拖着竹板，吆喝着开道，坐了轿子，耀武扬威的在白石铺一

带打圈转。乡里人向来很少见过官面的，听说官来了，拖男带女的去看热闹。隔壁的三大娘，来叫我一块走。母亲问我："去不去？"我回说："不去！"母亲对三大娘说："你瞧，这孩子挺别扭，不肯去，你就自己走吧！"我以为母亲说我别扭，一定是很不高兴了，谁知隔壁三大娘走后，却笑着对我说："好孩子，有志气！黄芋堆子哪曾来过好样的官，去看他作甚！我们凭着一双手吃饭，官不官有什么了不起！"[8]

周氏的话，对阿芝的影响甚大。他一辈子不喜欢跟官场接近，过着"澹泊宁静"的生活。这种思想在他的许多印文中都有反映，如"星塘白屋不出公卿"、"白石草衣"、"独耻事干谒"、"牵牛不饮洗耳水"、"褦襶痴"等，都表示不愿曲意奉迎官宦，无意改变农家本色，甘愿粗衣淡饭，布衣终生。他曾对朋友樊樊山说："我平生以见贵人为苦事。"并自题诗：

穷到无边犹自豪，
清闲还比做官高。
归来尚有黄花在，
幸喜生平未折腰。

1870年，阿芝的外祖父周雨若在枫林亭附近的王爷殿设蒙馆。枫林亭在白石铺北边的山坳上。这一带是衡山山脉的一部分。衡山俯瞰湘江，山势雄伟，有七十二峰，绵亘数百里，自古便是著名的风景名胜地。

正月十五一过，阿芝穿着母亲给他缝制的蓝布新大褂，来到外祖父的蒙馆，行拜师礼。"照例先在孔夫子的神牌那里，磕了几个头，再向外祖父面前拜了三拜，说是先拜至圣先师，再拜受业老师，经过这样的隆重大礼，将来才能当上相公。"[9]从此，阿芝就正式读书了。

枫林亭蒙馆离星斗塘3里多路。每天清早，齐十爷送阿芝去上学，傍晚再接阿芝回家。路程虽不远，但却都是黄泥路，尤其是逢下雨，便满地泥浆。齐十爷总是一手举伞，一手提饭，并扶着阿芝。泥塘太深了，他就把阿芝背在背上，真是辛苦。

阿芝上学，首先读《四言杂字》，这是当时启蒙的必读书。由于阿芝有基础，不久就把一本书读得烂熟。外祖父周雨若高兴极了，于是开始教《三字经》、《百家姓》，阿芝是班上读得最好的学生。又教读《千家诗》。诗引起了阿芝的强烈兴趣，觉得琅琅上口，音调也好听，越读越有味，越读越入迷，自己认为好的诗，更是常挂在嘴边，简直成了小诗迷。由于《千家诗》读得好，为后来读唐诗、写诗打下了良好的基础。

旧时读书，就是死读书，读熟了要背，背要流利，熟记于心。阿芝读书肯用功，从蒙馆回到家中，手不离书，口不离书，这种刻苦学习的精神保持到老。他曾刻一方“一息尚存书要读”的印来勉励自己。

读书之外，写字也是蒙馆的一门功课。那时学写字要用描红纸，纸上有印好了的红色的字，写时按着它的笔姿，一笔一画地描。这也是阿芝最喜欢的功课。齐十爷把自己珍藏了很久的一块断墨，一方裂了缝的砚台给了阿芝，又为阿芝买了支新笔和描红纸。阿芝以前是用松枝在地上写字，还为邻居的小胖子画过像。现在有了全套的工具，他天天在描红纸上描呀描的，描腻了就画起画来。

湘潭地方旧时有这样的风俗，新产妇家的房门上，要挂一幅雷公神像，据说是镇压妖魔鬼怪的。这种神像大多出自乡里画匠之手，用朱笔画在黄表纸上，笔意粗糙。周氏生纯松时，齐家房门也挂过雷公像。阿芝见了觉得很好玩。一天，阿芝在邻居家又看到了雷公神像，越看越觉得有趣，就想画几张。晚上放了学，阿芝和同学们来到雷公像下，取出笔墨砚台，在描红纸上画起来。可画了半天，就是画不好。雷公最早出现在《楚辞·远游》：“左雨师使经侍兮，右雷公以为卫。”汉代王充在《论衡·雷虚》中这样描绘雷公：“图画之二，图雷之状，累累如鼓之形。又图一人，若力士之容，谓之雷公，使之左手引连鼓，右手推椎，若击之状。其意以为雷声隆隆者，连鼓相扣击之意也；其魄然若裓裂者，椎所击之声也。其杀人也，引连鼓相椎，并击之矣。”王充描述的雷公形象还有别于后来庙宇中所塑、画的雷公神像。晋干宝《搜神记》中谓雷公已是“霹雳头似猕猴”；唐李肇《唐国史补》则记载雷公“状类彘”，则其唇吻已渐突出。《三教搜神大全》则谓雷公“鸡形”，“妖其头，喙其嘴，翼其两肩，左尖右椎，足踏五鼓五升，天帝封之为雷门苟元帅”，这就是近代雷公的形象。所以年幼的阿芝觉得雷公怪模怪样的，很不好画。他依着画上雷公尖嘴薄腮的样子，画成了一张像只鹦鹉脸的怪模样。阿芝怎么看也不满意，但自己又改不了，灵机一动，想了一个办法。他搬了一只高脚木凳蹬了上去，又找了张包过东西的薄竹纸覆在画像上面，用笔勾描起来。画好了一看，和原画像简直一般无二。阿芝体验到了一种莫大的快乐，也使他从此和绘画结下了不解之缘，最终成就了中国画苑一代宗师。

阿芝能画的消息在蒙馆的同学中传开了，很多同学都来请阿芝画画，小伙伴们是阿芝作品的第一批观众和欣赏者。在反复的描画中，阿芝把握形象的能力提高了。同学求画数量的增加，更加激励了他画画的热情和兴趣。他不断地画，每天除了习字背书就是画画，他为画而陶醉。没有见过模样的雷公神像已不能满足阿芝的创作需要了，他开始画自己所见到的东西，牛、马、猪、羊、鸡、鸭、鱼虾、螃蟹、青蛙、麻雀、喜鹊、蝴蝶等等，是他最熟悉的，也是画得最好的。他还画人像。他对常在星斗塘钓鱼的一位老者发生了兴趣，于是就一遍一遍地画，不知画了多少遍，终于有一天拿给小伙伴看，大家异口同声地说："像极了！"在孩子们的眼中，这是最好的称赞了。

阿芝画画都是用描红纸，常常是撕下习字本的一张再裁成两半，一半一半地画。画得越多，撕得越多，一本描红纸，不到几天就用完了。周雨若看阿芝写字本用得那么快，起初以为是习字用了，后留心观察，终于发现了阿芝作画的秘密。他很生气，叫来阿芝训斥道："一粥一饭，当思来处不易；半丝半褛，恒念物力维艰。只顾着玩，不干正事，你看看！描红纸白费了多少？"被老师训斥以后，阿芝表面上似乎是不画了，但背地里却越画越多，用他自己的话说：

> 我的画瘾，已是很深，戒掉是办不到的，只有满处去找包皮纸一类的，偷偷地画，却也不敢像以前那样，尽量去撕写字本了。[10]

秋天到了，田里的稻子一片金黄，快要收割了，蒙馆就放"扮禾学"了。这一年的年景不好，田里歉收，平常就很艰难的阿芝家，日子就更难过了。阿芝的母亲周氏只好忍痛把阿芝留在家里，帮着做点事。读书不到一年的阿芝就这样辍学了。家里没粮食吃，阿芝就去田里挖芋头，拿回家用牛粪煨着吃，还挖野菜充饥。小时候这段艰难的时光，给阿芝留下了深刻的记忆。后来他画芋头时，就题诗云：

> 一丘香芋暮秋凉，
> 当得贫家谷一仓。
> 到老莫嫌风味薄，
> 自煨牛粪火炉香。[11]

又有画菜诗云："充饥者胜半年粮，得志者勿忘其香。"[12]"牡丹为花之王，荔枝为果之先，独不论白菜为菜之王，何也？"[13]又题画倭瓜：

此瓜南人称之曰瓜，其味甘芳，丰年可作菜食，饥年可做米粮。春来勿忘下种，慎之！[14]

齐白石忘不了幼年的穷困，一生节俭，保持着农民朴素的本色。即使成名以后，仍常常对自己的孩子们说："常将有日思无日，莫把无时作有时。"他对于自家任何吃的用的都爱惜备至，如米、面、油、盐、菜，都由他亲自经管，连同他最心爱的画和印，都锁起来。每天把一家人吃的米、面、油、盐拨出来，给佣人们做饭。他自己也绝不奢侈，新衣服都要用包袱包好，放在柜子里。冬天穿灰色或深蓝布长褂，夏天穿白布短裤褂，虽说洗旧了，但很干净。作画以前必先戴上黑布袖套，以免袖上弄脏。画桌的抽屉里，纸张、针线等零用物品井然有条，连碎布条都卷好，以备寄包裹时用。这些都是他自己整理，不要别人帮忙。柜子里的字画也都存放整齐，室内清洁无尘。每天早晨自己生炉子，烧硬块煤，先将煤添在左侧，等左边火已燃上来，再添煤在右边，既温暖又省煤。他常对人讲述其生火经验。粮食放在室内，做饭前，他亲自量米给佣人，有几人吃饭，就打几筒米，时刻不忘其幼年无米下锅之苦。他对佣人很宽厚，相随多年者不愿离去。外面贫寒的老人有来借贷者，即解囊相助；有衣着俭朴的工人进来，就作画一幅相赠；学生中有贫而好学的，常给以物质补助。他对穷学生尤为关怀，李苦禅每次来，必叫人打二两酒，李也不客气，酒足饭饱而去，师生犹如父子。这种自奉俭约而乐为布施的精神实在令人敬佩。解放初期，白石老人得到人民政府无微不至的关怀，但他生活上仍一如既往，从不忘本，每日的菜金才5000元（旧币，合人民币5角）。他从不睡沙发床，一套旧沙发还是公家配给的。[15]他曾对自己的学生娄师白说："我到现在还不敢睡藤屉床，怕平时太舒服了，将来出门走路时会感觉吃苦。这条褥子是我早年五出五归的一肩行李，至今还舍不得丢掉它。"[16]真是"心胸甲天下，通身蔬笋气"。[17]

牧牛童的欢乐

1870 年，阿芝的母亲齐周氏生了阿芝的三弟，取名纯藻，号晓林。逢年景不好，又添人口，阿芝不得不停学在家帮忙。从 1871 年至 1873 年的 3 年时间里，小小年纪的阿芝，在家已能做好多事了，挑水、种菜、扫地、打杂，带两个弟弟，还要上山砍柴。那个时代的农家孩子，做这些倒也是很普遍的。阿芝和邻里的孩子结成了好朋友，他们结伴上山，砍了柴便在一起玩“打柴叉”的游戏。

> 打柴叉是用砍得的柴，每人取出一捆，一头着地，一头靠在一起，这就算是“叉”了。用柴耙远远地轮流掷过去，谁能掷倒了叉，就赢得别人的一捆柴。三人都掷倒了，或者都没曾掷倒，那是没有输赢。两人掷倒，就平分输的那一捆，每人赢半捆。最好当然是独自一人赢了，可以得到两捆柴。因为三捆柴并在一起，柴耙又不是很重的，掷倒那个柴叉，不太容易，一捆柴的输赢，总要玩上好大半天。[18]

这种简单的游戏，给童年的阿芝带来了很大的快乐。晚年他还对此事非常的怀念：

> 后来我作客在外，有一年回到家乡，路过山上，看见一群砍柴的孩子，里头有几个相识的邻居，他们的上辈，早年和我一起砍过柴，玩过打柴叉的。我禁不住感伤起来，作了三首诗，末一首道：
>
> 来时歧路遍天涯，
> 独到星塘认是家。
> 我亦君年无累及，
> 群儿欢跳打柴叉。[19]

孩子们喜做的游戏还有砍竹竿当马骑。白石 60 岁时题画竹云：

> 儿戏追思常砍竹，
> 星塘屋后路高低。
> 而今老子年六十，
> 恍惚昨朝作马骑。[20]

阿芝帮家里做事，无论多忙多累，都忘不了学习，有着强烈的求知欲。他牢记外公的话，读书是任何地方都能进行的，也是应做的。每天上山放牛、照顾二弟，阿芝都要带着书本。砍柴、拾粪的时候，先把书本挂在牛角上，干完活之后便读书。不但温习蒙馆中已学过的几本书，还自己读《论语》，把不懂的地方，不认识的字记下来，积累一段时间就去请教外公。这样一点一点的，竟也把《论语》读完了。有一次，阿芝尽顾着读书，忘了砍柴，到天黑回家，柴没有砍满一担，粪也拾得很少。吃完晚饭，他又取笔写字。祖母憋不住了，说："阿芝，你的父亲是我的独生子，没有哥哥弟弟，你母亲生了你，我有长孙了，真把你看作夜明珠，无价宝似的。以为我们家，从此田里地里，添了好掌作，你父亲有了好帮手呢！你小时候多病，我和你母亲，急成什么样子！求神拜佛，烧香磕头，哪一种辛苦没有受过！现在你能砍柴了，家里等着烧用，你却天天只管写字。俗语说得好：三日风，四日雨，哪见文章锅里煮？明天要是没有米吃，阿芝，你看怎么办呢？难道说，你捧了一本书，或是拿着一枝笔，就能饱了肚子吗？唉！可惜你生下来的时候，走错了人家！"[21]懂事的阿芝，知道祖母是为生活所苦，记住了祖母的话，以后总是先干好活再读书。

除读书外，阿芝还坚持每天写字。描红纸写完了，祖父给阿芝买了几本黄表纸钉成的写字本子，又买了一本木版印的大楷字帖，每天总要写上一页两页的。阿芝又找到了一本祖父记账的旧账簿，把它拆开，做画画纸用。画是天天画，只不过是背着人的。他暗下决心，做一个像王冕那样的画家。在这样的环境中，阿芝养成了勤奋刻苦的读书习惯，虽艰苦，却快乐充实。以后他刻有："吾幼挂书牛角"印，以示纪念。

阿芝从小体弱多病，每天帮家里干活，还要读书，祖母担心他的身体，就请了一位瞎子为阿芝算命。算命瞎子说："水星照命，孩子多灾，防防火星，就能逢凶化吉。"祖母就去买了一个小铜铃，用红头绳系在阿芝的脖子上，说："阿芝，带二弟上山去，好好地牧牛砍柴，到晚晌，我在门口等着，听到铃声由远而近，知道你们回来了，煮好了饭，跟你们一块吃。"母亲又给阿芝系了块刻有"南无阿弥陀佛"六个字的铜牌，并说："有了这块牌，山上的豺狼虎豹、妖魔鬼怪，都不敢近身的。"真是可怜天下慈母心。遗憾的是在民国初兵乱之中，铜铃和铜牌都丢失了。后来，白石感念祖母、母亲的一片慈心，特地仿制了一套挂在腰间，并赋诗云：

祖母闻铃心始欢，
也曾挂角牧牛还。
儿孙照样耕春雨，
老对犁锄汗满颜。

星塘一带杏花风，
黄犊出栏东复东。
身上铃声慈母意，
如今亦作听铃翁。[22]

白石还刻有一方“佩铃人”的石印，儿时的往事真是刻骨铭心。

1874 年 3 月 9 日，12 岁的阿芝娶同乡陈春君为妻。旧时中国实行家庭包办婚姻，很多地方还有“童养媳”的风俗。在齐白石的家乡，为给家里添个做事的帮手，往往男孩子很小的时候就娶亲，把儿媳妇接过门来拜天地、祖宗、高堂，叫做“拜堂”。等男女双方都长大成人，再选一个“好日子”合卺同居，叫做“圆房”。童养媳大都是人口多、家境不好的贫苦人家的孩子。陈春君生于 1863 年 2 月 13 日（清同治元年十二月二十六日），比阿芝大一岁，娘家的生活状况和阿芝差不多，从小就在家里操作惯了，嫁到齐家后，帮助婆婆“煮饭洗衣，照看小孩，既勤恳，又耐心。有了闲暇，手里不是一把剪子，就是一把铲子，从早到晚，手不休脚不停的，里里外外，跑出跑进。别看她年纪小，只有 13 岁，倒是料理家务的一把好手。”阿芝的祖父、祖母、父亲、母亲都夸她能干，很喜欢她。阿芝自己也是看在眼里喜在心中，他喜欢看春君端庄、秀丽的模样，麻利娴熟的动作。春君也满意阿芝，两人常常是你看看我，我看看你，嘴上不说，心里都是甜甜的。

天有不测风云，阿芝娶亲刚刚 3 个月，祖父去世了，那天是端阳节。对于阿芝来讲，这犹如一个晴天霹雳，是他人生遭遇到的第一个不幸之事。他无论如何也不能相信把全部爱和心血都倾注在自己身上的祖父已撒手离去，祖父慈爱的面容不断在他眼前浮现，他想起祖父用炉钳子划炉尘教他识字的样子，想起祖父用黑羊皮袄围抱着自己，想起祖父风里雨里背他上枫林亭上学的情景，泪水止不住地往下流，足足哭了三天三夜，什么东西都没吃。一家人东挪西凑，总共才凑出 60 来块钱，把祖父给安葬了。

祖父去世后，阿芝觉得自己大了许多。家里的劳动力，除了父亲，就算阿芝了，作为长子，他要帮助父亲挑起生活的重担。

经过这次变故，阿芝家的生活更加拮据。看着父亲在田里劳累不堪的样子，阿芝真恨不能自己快些长大。1875年春夏之交，湖南的雨水特别大，青黄不接。阿芝家又断了顿，只好掘些野菜充饥。由于柴灶好久不用，雨水灌入灶里，竟聚集了许多青蛙。穷人的日子难啊！

1876年，阿芝的四弟出世，取名纯培，号方林。这一年阿芝14岁。中国的农民世世代代都面朝黄土背朝天，日出而作，日落而息，单调而贫困地生活着。如今阿芝又要重走父辈的路，开始下田帮父亲耕种了。他最先学的是扶犁。由于身体弱、个头小，跟父亲学了好几天也没学会，总是顾了犁顾不了牛，或是顾了牛而顾不了犁。一身泥一身汗，真是辛苦。春耕完便是插秧，那就更苦了。阿芝家种的是水田，插秧要整日泡在水里，弯着腰，一天干下来，连饭都懒得吃。这时的阿芝真正体会到古诗："锄禾日当午，汗滴禾下土，谁知盘中餐，粒粒皆辛苦"的滋味了。

阿芝的父母看着孩子日渐消瘦的脸，每日疲惫不堪的样子，真是心疼极了。商量来商量去，决定给阿芝找个师傅，学点手艺，养家谋生。

几年的耕读生活，除了给阿芝以艰苦生活的磨练外，还培养了他坚韧不拔、吃苦耐劳的品格。同时，阿芝在大自然的怀抱中尽情地畅游，以天真的目光、稚气的童趣观察了自然，对大自然的一草一木、一切有生命的东西都怀有无比的热爱之情，用他稚拙的画笔把它们画下来。

生活中一切美好的、有生命力的东西都对阿芝有无限的吸引力。他常常蹲在花草边，仔细观察花蕊、花瓣的形状，比较花与花之间不同的花瓣。他观察树的叶、枝、干的长势，连树叶的脉络纹理都了解得清清楚楚。农家常端上饭桌的白菜、丝瓜、倭瓜都是他画画的好题材。星斗塘中生长着许多鱼、蟹、虾，他常常一个人坐在塘边细细地看、默默地记。一天傍晚，干了一天活的阿芝坐在星斗塘边洗脚，突然觉得一阵钻心的疼痛，急忙从水里拔出脚一看，原来是只草虾把他的脚趾钳出了血。这引起阿芝对草虾的极大兴趣，通过对草虾的认真观察后，他画出了平生第一只虾，画得栩栩如生。从此一发而不可收。齐白石画的虾，闻名于世，始于此时。晚年时，他曾画《儿时钓虾图》纪念此事，并题诗注：

五十年前作小娃，
棉花为饵钓芦虾。
今朝画此头全白，
记得菖蒲是此花。

余少时尝以棉花为饵钓大虾，虾足钳其饵，钓丝起，虾随钓丝起出水，钳尤不解。只顾一食，忘其登岸矣。[23]

对所要描绘的对象进行细致入微地观察的习惯，齐白石保持了一生，这也是他的画能充分传达出活跃的生命力的原因之一。他曾对女弟子胡絜青说："鲫鱼鳃旁有一条灰白色的线，直通鱼尾。从这条线可以计算它身上有若干鳞片……画画的人如能这么仔细地去研究它，在画它时就不会马虎了。"[24]白石曾画过一幅小稿鱼图，画后自记云："此鱼俗呼为蓑衣鱼，以尾似也。鳃上一点大绿色，尾有赤色。"[25]在齐白石的眼中，一切事物都有自己的特点，画时不可乱了规矩。比如玫瑰：

应该细心观察它的生长的全部过程……玫瑰的刺多是向下长的，所以常常牵挂人的衣服。[26]

又比如紫藤：

南方的紫藤是花与叶齐放的，北方是先花后叶，另有风趣。[27]

后来成为大师的齐白石，其笔下生动感人的小生命形象，朴素无华的山花野草的形象，很大成分得益于幼时对生活的强烈感受。1956年，世界和平理事会授予齐白石"国际和平奖"，9月1日在颁奖仪式上，齐白石深情地说：

正由于爱我的家乡，爱我祖国美丽富饶的山河土地，爱大地上的一切活生生的生命，因而花费了我毕生精力，把一个普遍中国人民的感情画在画里，写在诗里。[28]

农村是齐白石成长的摇篮，他熟悉农村，热爱农村。农村也给予他艺术创作取之不尽、用之不竭的源泉。

打开齐白石的画卷，我们会发现他描绘的那些花鸟虫鱼，都是那么生机勃勃，情趣盎然，形神兼备。他曾说："为万虫写照，代百鸟传神，只有天上之龙，无从见得，吾不能画也。"

在白石的笔下，花、鸟、虫、鱼，特别是他画的墨虾、墨蟹等，绝不是物象在纸笔间的再现，而是从艺术的角度，赋予它们欢乐的、欣欣向荣的性格，赋予它们无限的乡情、无限的生命力和神奇的魅力，令人感到亲切、兴奋，浮想联翩。谁都有可爱的家乡，谁都有难忘的童年，白石和这些来自家乡、来自童年的最熟悉的小生命结下了不解之缘，即使远居京华，他还把一些虾蟹养在玻璃缸中，细心揣摩，入微观察，所以画起来得心应手，挥笔而就。

画的语言和诗的语言一样，无不借景抒情，借情寓意。着笔草虫，寄情乡土，这正是画草虫，想故丘，念少游。白石的花鸟画，不仅反映出画家一颗未泯的童心，也反映出画家浓郁的乡土气息，朴实的农民性格。

注释：

[1] [2] [3] [4] [5] [7] [8] [11] [18] [19] [21]《白石老人自述》第 8～9 页、第 6 页、第 7 页、第 9 页、第 10 页、第 12 页、第 11～12 页、第 17 页、第 18 页、第 20 页、第 20 页。

[6] [9] [10] [12] [13] [14] [16] [17] [20] [22] [23] [24] [25] [26] [27] [28]《齐白石谈艺录》第 63 页、第 13 页、第 16～17 页、第 17 页、第 59 页、第 62 页、第 9 页、第 57 页、第 66 页、第 64 页、第 55 页、第 56 页、第 56 页、第 54 页、第 54 页、第 97 页。

[15] 齐佛来《我对爷爷生活片断的回忆》。

第二章　民间艺人

芝木匠

1877年（清光绪三年），阿芝15岁，随父亲下田劳动已经一年了。事实证明，他实在难以胜任田间的劳动。看着他单薄的身子，长辈们决定让他学点手艺。但究竟学什么好呢？做银匠，走街串巷为人打造银饰？还是做篾匠，与竹片打交道？还是做木匠？几位老人商量再三也拿不定主意。恰好这年的年初，阿芝的一个本家叔祖到齐家来拜年，这人叫齐仙佑，是阿芝祖父的堂弟，是个木匠，乡里人称“齐满木匠”。齐仙佑是个做粗木工活的木匠，主要是盖房立木架，也能做些粗糙的桌椅床凳和种田用的犁耙之类的东西。阿芝的父亲灵机一动，赶紧请他喝酒，酒过三巡，便把自己想让阿芝跟他学手艺的想法说了出来。借着酒劲，齐仙佑满口答应下来，并约好过几天，选个好日子送阿芝行拜师礼。

几天后，父亲领着阿芝来到了齐仙佑的家。拜师礼和在蒙馆上学时行的差不多，只不过拜的祖师爷不是孔子，而是鲁班。鲁班是中国古代有名的建筑工匠，原名公输般，春秋时鲁国人，因般与班同音，人又称之为鲁班。他创造了攻城的云梯和磨粉的硙。相传他曾经发明了木作工具，所以，旧时的木匠和建筑工匠一直视其为祖师爷。木匠的家里都供有鲁班的牌位和画像。阿芝先拜了祖师，又拜了齐仙佑师傅，就成为正式的学徒了。

阿芝从出生以后，这是第一次离开父母，独自在外过学徒生活。每天，阿芝都认真地跟在师傅的身后，量尺寸、画墨线，学用锯子、刨子、凿子。齐仙佑脾气比较暴躁，待徒弟刻薄严厉。阿芝力气小，一根盖房的大檩子，他不但扛不动，连扶都扶不起来。齐仙佑于是大发脾气，说阿芝太不中用，什么也干不了，把阿芝赶回了家，断绝了师徒关系。阿芝心里又委屈又难过。父亲没办法，只好去给齐仙佑赔不是。好话说尽，恳求再三，无奈齐仙佑就是不答应，阿芝只好在家里待了下来。

穷人家的日子不好过，一家人都盼着阿芝能学点手艺，帮家里一把。齐以德又开始为阿芝找师傅而奔波。

一个月以后，父亲托人又找到了一位做粗木作的木匠，名叫齐长龄。齐长龄师傅也是阿芝家的远房亲戚，为人忠厚老实，一副慈祥长者的样子。他对阿芝非常关心照顾，看到阿芝体力差，重活常常自己干，并鼓励阿芝说："好好地练罢！什么事情都是练出来的，常练练，就能把力气练出来了。"阿芝在师傅的指点下，进步很快，有些活已能自己做了。他随着师傅走村串户为人盖房做工，一转眼几个月就过去了。秋天里发生的一件事，使阿芝的学艺道路发生了变化。

> 记得那年秋天我跟齐师傅做完工回来，在乡里的田塍上，远远地看对面过来三个人，肩上有的背了木箱，有的背着很坚实的粗布大口袋，箱里袋里装的，也都是些斧锯钻凿这一类的家伙，一看就知道是木匠，当然是我们的同行了，我并不在意。想不到走近身，我的齐师傅垂下双手，侧着身体，站在旁边，满面堆着笑意，问他们好。他们三个人，却倨傲得很，略微点了一下头，爱理不理地搭讪着："从哪里来？"齐师傅很恭敬地答道："刚给人家做了几件粗糙家具回来。"交谈不多几句话，他们头也不回地走了。齐师傅等他们走远，才拉着我往前走。我觉得很诧异，问道："我们是木匠，他们也是木匠，师傅为什么要这样恭敬？"齐师傅拉长了脸说："小孩子不懂得规矩！我们是大器作，做的是粗活，他们是小器作，做的是细活。他们能做精致小巧的东西，还会雕花，这种手艺，不是聪明人，一辈子也学不成的，我们大器作的人，怎敢和他们并起并坐呢？"[1]

一番话对阿芝震动不小。他嘴上不再说什么，但心里很不服气。他想："干嘛那么神气活现的，一样是人，你们能学，难道我就不能学？"阿芝暗下决心，一定要去学小器作，并一定要学好。

回家以后，阿芝把自己想学小器作的想法告诉祖母、父亲和母亲。

他们都很赞同。他们早就担心阿芝学大器作会有危险，不但要有大力气，还要经常爬高上房，怕他学艺不成，反倒弄出一身病。于是，齐以德又去为儿子找师傅。

白石铺的周家洞有位闻名四乡的雕花木匠，名叫周之美。他用平刀法雕刻人物，堪称一绝。此时周之美正想收个徒弟，经人介绍，他对阿芝很满意，同意收他为徒。齐长龄师傅人很开明，为徒弟的前程而高兴，立即同意了徒弟的请求。阿芝于是成了周之美的徒弟。但他一生都没有忘记齐长龄师傅对他的关心和照顾，一直很敬重这位把他带入木匠之门的好师傅。

周之美为人耿直，虽经常出入有钱人家，但仍保持着农民朴素的作风，从不以技压人，很受乡人的敬重。他从第一眼看见阿芝，就觉得师徒有缘，打心眼里喜欢这个聪明、好学、肯用心的徒弟，很快就把阿芝当成自己的儿子看待，耐心地、毫无保留地向阿芝传授技艺。阿芝非常佩服师傅的手艺和为人，对这门木雕手艺简直入了迷，学得用心、刻苦，非常勤奋。他从画雕花图案，到选材、进刀，一点一点地学习。由于他做过粗木器活，有一定的木匠基础，因而进步很快。周师傅看到徒弟学得好，领悟得快，非常满意，逢人便夸："我这个徒弟，学成了手艺，一定是我们这一行的能手。我做了一辈子的工，将来面子上沾着些光彩，就靠在他身上啦。"[2]这也是师傅提拔阿芝的一番好意，于是十里八乡都知道周师傅有个争气的好徒弟。

1879 年，阿芝 17 岁，仍在周师傅家学艺。不料秋天的时候，他生了一场大病，发高烧，还吐了血，病情危险，几乎是只剩一口气了，吃了不少药，也不见效。全家人急得团团转，不知道该怎么办才好。恰好阿芝的五弟纯隽（号佑王）出生，在产期的母亲急得一口东西都咽不下去。阿芝的妻子春君为此不知流了多少眼泪。后来经人介绍请来一位姓张的大夫，一剂"以寒伏火"的药下去，立刻见了效，又连用几剂药调理，阿芝的病终于好了，全家人总算松了口气。

按照小器作的行规，学徒期应该是三年零一节。阿芝因为当中生病耽搁了时间，到 19 岁的下半年，才学满出师。在这段时间，阿芝肯动脑筋，不但学会了周师傅的平刀法，还琢磨改进了圆刀法。这一段生活，是他艺术生涯的开始，对他的一生具有决定性的影响。

阿芝出师了，这对于生活拮据的齐家来说，简直是天大的喜事。祖母和父母亲商量着，决定要喜上加喜，取个吉利，叫双喜临门，庆贺阿芝出师的同时，给他和春君“圆房”。这时阿芝19岁，春君20岁。到了选定的黄道吉日，齐家办了几桌酒席，请来了阿芝的师傅和亲朋好友庆贺。阿芝写了一副对联贴在门上：

超人技艺得名师指点扬乡里

美满姻缘承祖宗福荫启后人

横批为：

鲁班门人

阿芝圆房以后几天，就到白石铺去找周之美师傅。他虽然出师了，但名气还不大，做活的路数还不熟。师傅名气大，找上门来的活比较多。阿芝跟着周师傅外出做活，也就渐渐地有点名声了，乡人都叫他“芝木匠”或“芝师傅”。

雕花工匠是计件论工钱的，一件家具多少钱都是预先商量好的。每次拿到工钱，阿芝舍不得花，全部都交给母亲养家。母亲常常说：“阿芝能挣钱了，钱虽不多，但总比空手好得多。”

旧时能做得起雕花家具的，都是家道殷实的富裕人家。在白石铺一带，有名的富户是陈家垅的胡家和竹冲的黎家。每逢婚嫁，他们都要请周之美师徒二人去做工。阿芝还常到自己的本家叔父齐伯常家里去做工。齐伯常名敦元，是湘潭地方的绅士，读过书，家道殷实，为儿女办嫁妆，请阿芝做过家具，因此阿芝和伯常的儿子公甫成了知己朋友。后来齐白石曾为公甫画了一幅“秋姜馆填词图”，并题诗：

稻粱仓外见君小，

草莽声中并我衰。

放下斧斤做知几，

前身应做蠹鱼来。

阿芝是一个有头脑、有主见的年轻人，在虚心学习的同时，不满于现状，不泥于前人。当时的雕花工艺主要是为了装饰。装饰性强的艺术并不要求太多的个性发展。尤其在封建社会，一种艺术形式一旦被固定，便陈陈相因，藉此寄托大多数人共同的幸福或祈愿的目的，在造型技术上不求太多变化。阿芝跟周之美学习3年，传统严格的训练，不但奠定了他此后朴实的平民艺术的风格，也使他在接受文人画影响之后，依然能够保持早年训练出来的厚重、稳练、结实、严密的基础，而不至于流于过分疏放、贫薄。

当时雕花匠所雕的花样都是由祖师一代一代传下来的老样子，比如雕花篮、雕人物等等。雕人物，往往是“麒麟送子”、“状元及第”一类带有吉祥、祝福意义的形象。麒麟送子是传统的民间艺术题材，不同时代，形象有所不同。麒麟是古代传说中的走兽。许慎《说文解字》云：“麒，仁兽也，麋身、牛尾、一角；麐牝麒也。”段注说：“状如麕，一角，戴肉，设武备而不为害，所以为仁也。”这是一种非常温驯、斯文的动物，说它像“麋（即麋鹿），似“麕”（即獐），说明麒麟的形象是以鹿为模特塑造出来的。汉画像砖中的麒麟形象正是鹿的样子，不同的是大都头上长了一只角，并拖着一条长尾巴。

《诗经》是中国最早的一部诗歌总集，儒家列为经典之一。其中有一篇名为《麟之趾》，歌颂周文王和他的家族。由于《麟之趾》比喻子孙多贤，所以后来引为祝颂，旧时结婚常写“麟趾呈祥”作为喜联的横额，由此使麒麟和生育仁厚的后代结合了起来。真正奠定“麒麟送子”基础的，是十六国时前秦的方士王嘉。他写了一本《拾遗记》，其中编造了孔子降生时的瑞应，说“夫子生之夕，有麟吐玉书于阙里人家”，并说玉书上写有文字“水精之子孙，衰周而素王”。这里的“阙里”是东汉以来所传说的孔子故里，“玉书”为天降之书，“水精”即五行说中的水德，为王者受命之运，“素王”是指有帝王之德而未居其位的人。这个故事虽荒诞不经，但对于后来民间习俗的影响却很大，在民间出现了“麒麟儿”的美称，用以夸奖仁厚的孩子。一直到阿芝生活的时代，民间木版画、雕花工艺品中，还常表现这一主题。

阿芝为人雕花，雕来雕去，总是一个样子，不觉厌烦了，于是就动脑筋改变花样。

> 在花篮上面，加些葡萄石榴梅李杏等果子，或牡丹芍药梅兰竹菊等花木。人物从绣像小说的插图里，勾摹出来，都是些历史故事。还搬用日常画中的飞禽走兽，草木虫鱼，加些布景，构成图稿。[3]

阿芝把自己所想到的样子，用刻刀雕出来，花样新鲜，形象丰富，既有浓郁的民间特点，又有清新朴实的农家气息，深得乡人的欢迎。人们交口称赞白石铺出了个巧木匠。这夸奖是对阿芝再创造的充分肯定和最大鼓励。从此，他干得更起劲，创造也更大胆了。

阿芝出师的头两年，虽能挣一些钱，还不足以维持一家人的生活，家里仍不宽裕。阿芝在外做工，妻子春君在家料理家务，又在屋边的空地上种了许多蔬菜。每天辛苦劳作，有时饿得难受，只好喝点水充饥，可她没有任何怨言。娘家来人问起她的生活，她总是毫不犹豫地回答“很好！”有这样的妻子，阿芝真是有福气。

残缺的《芥子园画谱》

1882 年（清光绪八年），阿芝 20 岁，仍是肩上背着木箱，装着雕花木匠应有的全套工具，跟着师傅出去做工。一次，在一个雇主家中，阿芝无意中看到了一部乾隆年间翻刻的《芥子园画谱》。

《芥子园画谱》是一部流传广泛、影响深远的画谱。清康熙年间有一位多才多艺的文人李笠翁，他在南京有一所别墅，取名芥子园。《芥子园画谱》的名字就由此而来。

李笠翁的女婿沈心友，家中原存有李长蘅画的课徒山水画稿 43 页。沈心友请当时的山水画名家王安节，经过 3 年多的整理，增编到 133 页，把山水画的各种技法加以归纳、分析，并附临摹古人的各式山水画 40 幅，名之为《青在堂画说》，篇中还附有文字《青在堂学画浅说》。1679 年（清康熙十八年）用木刻套版刻成，因得李笠翁协助，便用“芥子园”名义出版，是为《芥子园画谱》第一集。

此后，沈心友又请杭州名画家诸曦庵编画竹兰谱，王蕴庵编画梅菊及草虫花鸟谱。经过 10 多年的时间，由王安节、王宓草、王司直兄弟 3 人斟酌，也都编有学画浅说，康熙四十年刻印成书。当时上册竹兰梅菊谱和下册草虫花鸟谱合为第二集。后来书商把竹兰梅菊谱改订成第二集，草虫花鸟谱改为第三集。

沈心友本来还有编写第四集《写真秘传》的计划，但未能完成。到 1818 年（清嘉庆二十三年），书商把丹阳传真画家丁鹤洲编的《写真秘诀》，又凑集《晚笑堂画传》刻版行世，作为《芥子园画谱》的第四集。这第四集虽不是沈心友所编，但由于《写真秘诀》是丁鹤洲祖传的画人像的秘法，也是中国人物肖像画最宝贵的传统知识，所以能广泛流传。后来，《芥子园画谱》前三集与书商所凑的第四集装成四函，成为完整的《芥子园画谱》。

由于画传极受国画学习者的欢迎，而且原书经多年翻刻模糊不清，1887年（清光绪十三年），画家巢勋临摹了前三集重印。由于他不满意原书的拼凑内容，就重新编辑人物画法第四集。保留了丁鹤洲的《写真秘诀》，增补临摹古人的作品，这就是巢氏临本《芥子园画谱》。

《芥子园画谱》是初学中国画技法的一本好教科书。它的最大优点是每篇都有理论的论述，画史的简单介绍，技法样式的论述，尤其对程式化的排比，对皴法的分类，山水的点景，花鸟的画法，归纳最为详尽，并附有大量的图例；文字与图画配合紧密，深入浅出，条理清晰，为初学者提供了宝贵的入门之法。初学者从中可以学到用笔、写形、构图等基本技法，从而初步体会到古人技法的优良传统。

阿芝见到的《芥子园画谱》是乾隆年间的五彩套印本，遗憾的是不完整，只有前三集，没有第四集。他从来没有见过如此详细地指导作画的书，真是如获至宝，欣喜若狂。借着微弱的灯光，他如饥似渴、全神贯注地读起来。对作画“痴迷”而又未受到任何名人指点的阿芝，这时才真正意识到自己以前画的东西，存在的问题真是太多了：画人物比例不恰当，不是头大就是腿长了，画花草，不是花肥了，就是叶瘦了。阿芝真想把这部书临上几十遍。

到阿芝这个时代，《芥子园画谱》的刊行不过200余年的时间，流传很广但数量有限，价格也比较昂贵，不是一般的人家能买得起的。于是，阿芝决定先跟雇主借，再用早年勾影雷公像的办法，先勾影下来，再仔细琢磨。

借好了书，阿芝就与母亲商量，要从工钱里匀出些买薄竹纸和毛笔颜料。母亲满足了他的要求。阿芝于是“每晚收工回家的时候，用松油柴火为灯，一幅一幅地勾影，足足画了半年，把一部《芥子园画谱》，除残缺的一本以外，都勾影完了，钉成十六本。[4]这部画谱在阿芝以后的艺术生涯中起到了巨大的作用。自云：“我的绘画启蒙就是一本芥子园。”[5]

有了自己勾影的画谱，阿芝一有时间就照着临摹，全套画谱，从头至尾，共临了三遍。到第三遍时即已熟练，以后不用看帖，就能准确地画出花鸟鱼虫树石。阿芝还把从画谱中学到的知识技能，应用到雕花工艺上，不断推陈出新，雕出来的花样、人物又新鲜又好看，深受乡人推崇，渐渐地在四乡有了名气。人们除了请他雕花外，还请他画画。这一时期阿芝画的题材，绝大部分是神像功对，如玉皇、老君、财神、火神、灶君、阎王、龙王、灵官、雷公、电母、雨师、风伯、牛头、马面和四大金刚、哼哈二将等。这些神仙，谁也没见过他们的模样。唐朝著名的画圣吴道子，善画宗教画。据史书记载，他在《地狱变相》中，依据自己的感情喜好，把在人间为非作歹的贪官污吏画成地狱中披枷带锁的小鬼；宋朝初年宗教画名家武宗元则在洛阳上清宫三十六天帝像的壁画中画入了宋太宗的肖像，引起轰动。阿芝在画这些形象时，也能够以意为之，把自己所见的形貌各异的人加以艺术加工、提炼，画得或一团和气，或满脸煞气，也颇具特色。不断地练笔，阿芝的绘画技巧提高得很快。

阿芝做活善于动脑筋。他信奉这样的格言：世上无难事，只怕有心人。有一次，离白石铺不远的上室山道士观，要做一条长约五寸、宽五分，雕有二龙戏珠的插香板。由于这个插香板小巧精致，要求很严，很多木匠试做都没有成功。阿芝勇敢地把活接了下来，经几次修改图样，终于取得了成功。从此，白石铺周围几十里的同行和乡人送给他一个响亮的绰号："木匠王"。

为补贴家用，阿芝在晚上闲暇的时间，还要做些小巧玲珑的工艺品。乡下吸烟的人很多，有抽水烟的，有抽旱烟的。于是阿芝就用牛角做成一种能装旱烟也能装水烟的盒子去买。每两三个晚上能做一个，卖出能得一斗多米的钱。也就是在这个时候，阿芝学会了抽烟，水烟、旱烟都抽，并且有了瘾。

生活是艰难的，但艰难的生活磨练了阿芝的意志，也使阿芝更热爱生活，更执着地追求一切美的东西。儿时，阿芝有位好朋友叫左仁满，家住白石铺胡家冲。阿芝学做木匠，左仁满做了篾匠，俩人常来常往，友情愈来愈深。左仁满"喜欢吹吹弹弹，能拉胡琴，能吹笛子，能弹琵琶，能打板鼓。还会唱几句花鼓戏、几段小曲。"[6]常常是左仁满在一边弹唱，阿芝在一边画画写字，其乐也融融。在左仁满的影响和带动下，阿芝对音乐产生了浓厚的兴趣，学会了拉胡琴。晚年的时候，他常对孙子齐佛来讲述当时的情景。齐佛来回忆道：

> 每当晚饭后，[爷爷]便拉着胡琴从白石铺漫步到广东桥，往返约十华里。胡琴上端缀着两条五、六寸长的彩色条子，胡琴拉动

时，条子随着摆动，别具风趣。所到之处，无不博得群众热烈的掌声。

……

爷爷的笛也吹得很好。笛子是自己用斑竹做的，竹皮上镶着贝壳花纹，两端用长约寸许的白牛角镌成，也缀上条子，非常精致。有一次爷爷问我，这枝笛子还存在不，我说以前一直保存得很好，到了沦陷时期，被敌人烧了。爷爷顿时露出可惜的神情说："这枝笛子曾经有人愿花两担米向我购买，我舍不得，没有答应，谁知竟付之一炬了。"[7]

阿芝家的生活虽不富裕，但他很注意使自己的仪容整齐、美观。他喜欢穿白袜子，并且一定要白净，洗得不白不净则不穿。他穿衣服也是一样，不嫌破烂，但要缝补整齐，洗得洁白。清代，无论男女均留长发，男子要梳辫子。阿芝的头发留得比一般人都长，编成两条辫子，系上彩条子，一直垂到脚跟，随着走路的脚步左右摇摆，煞是潇洒。

1883年，阿芝21岁。妻陈春君怀孕了。9月，生下长女，取名菊如，长大后嫁给姓邓的人家。1888年，阿芝26岁。正月，阿芝母亲生下了最小的儿子，取名纯楚，号宝林。一家老少四世同堂，共14口人。祖母已是77岁的高龄，在家里照看孙子、重孙子。阿芝的父亲齐以德和二弟纯松下田耕作，阿芝的三弟在一所道士观里给人家烧饭煮菜，其他能做事的弟妹也都砍柴的砍柴、放牛的放牛。阿芝的母亲操持着一家人的生活，春君帮着婆婆整天忙着家务，养鸡养鸭、种瓜种菜，一得空还要纺纱织布。阿芝对母亲纺纱织布的情景久久不能忘怀：

她夏天纺纱，总是在葡萄架下荫凉的地方，我有时回家，也喜欢在那里写字画画，听了她纺纱的声音，觉得聒耳可厌。后来我常常远游他乡，老来回忆，想听这种声音，已是不可再得。因此我前几年写过一首诗道：

山妻笑我负平生，
世乱身衰重远行。
年少厌闻难再得，
葡萄荫下纺纱声。[8]

一家人辛辛苦苦，也只能够勉强度日。

拜师学画

阿芝的三弟纯藻，为了多挣点钱贴补家用，托远房的亲戚齐铁珊给他找点事做。齐铁珊是齐伯常的弟弟，齐公甫的叔叔，当时正同几个朋友在一所道观里读书，于是就让纯藻到道观里为他们烧饭煮菜打杂。阿芝因常去看弟弟，也就和齐铁珊熟起来。齐铁珊非常欣赏阿芝的画，也佩服他的聪明好学，二人谈得很投机。

齐铁珊对阿芝画画的事很关心，经常问阿芝学画的情况。有一次，他找到阿芝，说："萧芗陔快到我哥哥伯常家里来画像了，我看你何不拜他为师！画人像，总比画神像好一些。"[9]

阿芝生活的时代，人们还根本不知道什么是照相，要想把自己的形象留给后人，只能是找画师画影图形，把自己的形貌画下来。所以一个画肖像的能手，在乡里是会有很好的生计的。

萧芗陔，名传鑫，号芗陔，住在离星斗塘100多里的朱亭花钿，是湘潭地区很有名的人物肖像画能手，也擅长画山水。他是纸扎匠出身，少时家境贫寒，进不起学堂，于是发愤自学，把四书五经读得烂熟，又能作诗，是个多才多艺的艺人。阿芝久闻其名，对他的才学非常佩服，早就想拜识一下，但苦于一直没有机会。

几天以后，萧芗陔来到了齐伯常家。阿芝画了一幅铁拐李像，托齐铁珊、齐公甫叔侄俩替自己去说和拜师。

铁拐李，传说中的八仙之一，相传姓李名玄，曾遇太上老君而得道。神游时因其肉身误为徒弟火化，游魂无所依归，于是附一饿死者的尸身而起，蓬头垢面，袒腹跛足，并用水喷倚身的竹杖，变成铁拐，故称铁拐李。铁拐李得道后，度钟离权；钟离权又度吕洞宾，二人又共度韩湘子、曹国舅；张果老、蓝采和、何仙姑则别法成道，这就是八仙。有一次八仙同赴蟠桃大会，过海时，吕洞宾倡议，不得乘云而过，须各以物投水，乘所投之物而过。于是，铁拐李投杖水中，自立其上，乘风逐浪而渡；韩湘子以花篮投水中而渡；吕洞宾把箫管投水中而渡；蓝采和以拍板投水而渡；张果老、曹国舅、钟离权、何仙姑各以纸驴、玉板、鼓、竹罩投水中而渡，这就是"八仙过海、各显神通"的故事，在民间流传极广。阿芝对其中的铁拐李有浓厚的兴趣，依据自己的理解，创造出了一个幽默、生动的铁拐李的形象。

萧芗陔看了阿芝画的铁拐李，大为赞赏，同意收阿芝为徒。他把自己的拿手本领都教给阿芝，又介绍自己的朋友文少可给阿芝。文少可也是一位画像名手，人很热心。他也欣赏阿芝的聪明、勤奋，把自己多年经验积累的得意手法全传给了阿芝。阿芝从这两位前辈手中学到了不少东西，对中国人物画史的发展、名家绘画的手法，都有了比较好的了解和掌握，尤其是对传统人物画中“传神”的问题有较为深刻的认识。

中国的人物画，起源很早，兴盛的时间也很长。人物画发展之初，形、神的问题就是人们关注的焦点。

远在新石器时代，中国的先民们就已创作出令人赞叹的作品。青海出土的舞蹈纹彩陶盆上画五人一组的舞蹈者，手牵手、摇臂踏足，姿态生动，富有节奏感。夏商周时期，人物画脱离工艺器物独立出来。史书曾载，孔子观周明堂，见周公抱成王在斧形的屏风前接受诸侯朝拜的图画。人物画的艺术表现力有所提高。屈原作《天问》，其丰富的想象，据说是受到楚国庙堂“图画天地山川神灵，琦伟诡谲，及古贤圣怪物行事”的启发。今天我们能看到的最早的古代人物画，是出自楚墓的战国时期的两幅帛画《人物龙凤帛画》、《人物御龙帛画》，用墨线造形，形象的体态动势都刻画得较有生气。

汉代人物画留存于世的，以墓室中的画像石、画像砖和壁画、帛画为主。从总体上看，汉代的人物画处于从形似向神似过渡的时期。画像石、画像砖上的人物的面部刻画，仅见五官，说不上传神，然而体态动势非常生动。

魏晋南北朝时期，社会虽然动荡，绘画却有很大的发展。人物画处于发展过程中的转折阶段。在深入描绘人物的精神境界方面，脱离了已往多在形似上的追求。顾恺之是当时最具有代表性的画家，他无论在理论上还是创作方面都很重视传神。先秦荀子曾言：“形具而神生”，指出了“神”是从“形”中产生出来的。顾恺之则提出“以形写神”，确切地表述了“形”与“神”的辩证关系。“神”必须借助于正确的“形”而体现；而一定的“形”，又须寄寓着一定的“神”。这个艺术观点在他的作品中有较好的体现。他画人物曾多年不点眼睛，人问其故，顾云：“四体妍媸，本无关乎妙处，传神写照，正在阿堵中。”[10]突出强调了眼睛在反映人物内心世界、人物精神面貌方面的重要性。宋《宣和画谱·人物叙论》对顾恺之"以形写神"的艺术造诣，有极为精确的论述："若夫殷仲堪之眸子，裴楷之颊毛，精神有取于阿堵中，高逸可置之丘壑间者，又非议论之所能及，此画者有以造不言之妙。"顾用"飞白"拂在殷一只病目上，获得"如轻云之蔽日"的效果。为裴加画三毛于颊上，"定觉神明如胜"，又把谢鲲配置在岩石中间，以此刻画谢自称超过一丘一壑的典型性格。这都是顾恺之为达到艺术上"以形写神"而进行缜密构思的具体描绘。

顾恺之这种表现人物肖像精神世界的宝贵经验，成为后世肖像画创作技巧的优秀传统。在顾恺之传神论的基础上，谢赫在其《古画品录》中提出了"六法"论。"六法"一曰气韵生动，二曰骨法用笔，三曰应物象形，四曰随类赋彩，五曰经营位置，六曰传移模写。其中气韵生动在中国画中占据最重要的地位。谢赫的六法论，在当时主要是针对人物画而言的，是为人物画创作立法，为评画树标准。后来，其适用的范围扩大到山水花鸟画。

人物画发展到唐、五代是极兴盛的时期，成就卓著。初唐有阎立本，盛唐有吴道子，晚唐有周昉。吴道子所画赵景公寺执炉天女，使观众感到"启眸欲语"，菩提寺的舍利佛有"转目视人"的效果。而周昉为郭子仪女婿赵纵画像时，同为赵纵画像的还有另一位名家韩干。画好之后，郭子仪问女儿，哪幅画画得最好？其女云："两画皆似，后画尤佳。前画（韩干画）空得赵郎状貌，后画（周昉画）兼移其神气，得赵郎性情笑言之姿。"这即是以形写神的很好范例。

五代时最杰出的人物画当数《韩熙载夜宴图》，由南唐画院画家顾闳中创作。这幅作品堪称中国人物画中的神品，有许多可以称道之处。主人公韩熙载落落寡欢、忧郁的形象塑造达到了很高的水平。

宋代的人物画仍处上升发展时期。从总体上看，宋代画家反映现实的视野要比唐代画家开阔。城乡生活习俗、风土人情，很多都进入了图画，这是宋代人物画的一个明显特征。张择端的《清明上河图》是风俗画中的长卷巨制，反映了社会各个阶层人物的风貌。历史故事在宋代人物画中占有相当比重，多是有感而发。宋代文人画创作，具有特殊的意义和影响。文人作的人物画，面貌风格多种多样。李龙眠的人物画含静穆之美；而梁楷则是在水墨写意的基础上创出泼墨法，笔韵墨趣尤为充沛，而且所画人物极富个性。《太白行吟图》充分体现了诗人的气质，古今难以伦比。

元代人物画创作不景气。究其原因，与蒙古族的统治有关。江山易主，有节之士不愿描绘现实，而且画人物易遭不测之祸。故在元代人物画中，历史故事及神仙图居多。元代的肖像画稍有成就的，是王绎所作《杨竹西像》。画家置主人公于山林之中，以环境衬托人物的胸襟，这是传神写照的另一种表现形式。这种肖像画不同于官服危坐的“大影”，给人自然、亲切的感受。

明代著名的人物画家，初有戴进和吴伟。戴进的传神写照能力很强。在民间流传着这样的故事：有一次戴进在南京水西门，和给他担行李的脚夫走散了，他随即借酒家纸笔画出脚夫的面貌，拿到众脚夫中去查询，很快就有人认出是某某。戴进画有《三顾茅庐》、《渭水垂钓》、《渔乐图》等。吴伟也擅长写真，据说他同诸孙游南京杏花村，酒后口渴，向家居竹林的老妇要茶喝。第二年旧地重游，老妇已去世数月。他凭回忆画老妇像，逼真与生无异。老妇儿子见图大哭，乞画藏之。明中期著名的人物画家有唐寅、仇英。明末画坛有南陈北崔之说。南陈指陈洪绶，北崔指崔子忠。陈的人物画富有创造性，在形象刻画上尤为突出。他画的人物，形态夸张，神情却是含蓄的。如果说我们对唐代以丰满为美的美人形象的产生原因能有所理解的话，那么对陈老莲笔下壮硕的男女形象的审美含义，就很难说出个所以然来。艺术形象既产生于生活，又来源于作者的心灵，这一道理对所有艺术创作都不例外。文人思潮涌入画坛之后，谢赫提出的“气韵生动”，已由表现对象的精神气质，逐渐变为同时表现画家自己的精神气质，个性强烈的画家尤为明显。

清代的肖像画创作，颇为盛行。那些不管是否做过官而一律官服顶带的“大影”，权贵富户几乎家家都有，逢年过节便悬挂供奉起来，以示不忘祖宗功德。这类画像多出自画工之手，能画出人物精神性格的很少。具有真实性和艺术性统一的肖像画，乃是文人的创作，如石涛、金农富很有特点的自画像等。“扬州八怪”后，任伯年、赵之谦、吴昌硕等海派大家的出现，又给人物画坛带来了新的生机。

阿芝为古人丰富多彩的人物画题材和技法所吸引，为优秀的传统而陶醉。他感谢两位先生不遗余力的教诲。他终于从十多年的摸索中走出，找到了画人像的门径。

注释：

[1] [2] [3] [4] [6] [8] [9]《白石老人自述》第25页、第26页、第28页、第30页、第31页、第33页、第34页。

[5]《齐白石谈艺录》第26页。

[7] 齐佛来《我对爷爷生活片断的回忆》。

[10] 刘义庆《世说新语·巧艺》。

第三章　全面发展

新的起点

1888年，阿芝在师从萧芗陔学画的同时，还不断到附近乡里为人雕花，挣钱养家。冬天，阿芝到赖家垅雕花。赖家垅在佛祖岭的脚下，离星斗塘40多里路，那里住的人都姓赖。阿芝每天白天干活，晚上就住在主顾家，借着油灯，刻苦地练画。一次，阿芝画了几幅鲜亮生动的花鸟，被赖家人看到了，他们很惊讶："芝师傅不是光会画神像功对的，花鸟也画得生动得很。"于是又请阿芝画女儿绣花鞋头上的花样。还有人说："我们请寿三爷画个帐檐，往往等上一年半载，还没曾画出来，何不把我们的竹布取回来，就请芝师傅画画呢？"[1]阿芝听了只是一笑，并不往心里想。到了年底活未做完，他就先回家过年了。

年一过，阿芝已经27岁了，他又回到赖家垅做工。一日，他正在雕花，赖家人来叫，说寿三爷要见见他。

这位寿三爷，阿芝以前就听说过。他是杏子坞的一个绅士马迪轩的连襟，姓胡，名自倬，号沁园，又号汉槎，家住离赖家垅不远的竹冲韶塘。韶塘的胡姓，都是当地有名的财主，但是寿三爷这一房却例外，因为他提倡风雅，交游甚广，景况并不太富裕。他人品高洁，性情慷慨，喜交朋友，家里收藏有不少名人字画。寿三爷自己也是一个多面手，书法学汉隶，刚健浑厚，能画工笔花鸟草虫，诗做得清丽。在他家附近，有处藕花池，他的书房就取名为"藕花吟馆"。寿三爷时常呼朋唤友，在自己家中举行诗会，饮酒斗诗，人称："座上客常满，樽中酒不空"。

寿三爷胡沁园很早就听自己的亲戚说，杏子坞有个聪明好学的木小匠，不但花雕得好，还画得一手好画，但一直没有机会相见。这一次听村里人说这位芝木匠在赖家垅做工，就特地赶来相见。

一见面，寿三爷就喜欢上了这个外貌精干的年轻人。相互见过礼之后，他细细地询问了阿芝的情况，并说："我见过你的画了，很可以造就，愿不愿意再读读书，学学画？"阿芝说："读书学画，我是很愿意，只是家里穷，书也读不起，画也学不起。"寿三爷说："那怕什么，你要有志气，可以一面读书学画，一面靠卖画养家，也能对付得过去。你如愿意的话，等这里的活做完了，就到我家来谈谈！"阿芝见寿三爷态度诚恳，就答应了。

这一次会面，应该说是阿芝一生中第一个重要的转折点。唐朝的时候，大诗人王维发现在酒肆中干活的韩干有不凡的才能，于是慷慨解囊，资助他跟随画马名家曹霸学画，十余年后，造就了一位艺术大师。韩干画的马流世千古，成为中国画中不可多得的真品。这一次，胡沁园对阿芝的赏识、帮助，则使阿芝迈出了艺术生涯的决定性的一步，为造就中国近现代艺术史上一支瑰丽的奇葩奠定了基础。

赖家垅的活完工后，阿芝回到家中，与父母商量学习的事儿。这时的齐家仍很穷，但是齐以德夫妇都很有见识，他们珍惜阿芝这得来不易的学习机会，同意孩子边学习边养家。于是阿芝来到了韶塘胡家。

> 那天正是他们诗会的日子，到的人很多。寿三爷听说我到了，很高兴，当天就留我同诗会的朋友们一起吃午饭，并介绍我见了他家延聘的教读老夫子。这位老夫子，名叫陈作埙，号叫少蕃，是上田冲的人，学问很好，是湘潭的名士。吃饭的时候，寿三爷又问我："你如愿意读书的话，就拜陈老夫子的门吧！不过你父母知道不知道？"我说："父母倒也愿意叫我听三相公的话，就是穷……"话还没说完，寿三爷拦住了我，说："我不跟你说过，你就卖画养家，你的画，可以卖出钱来，别担忧！"我说："只怕我岁数大了，来不及。"寿三爷又说："你是读过三字经的！苏老泉，二十七，始发愤，读书籍。你今年二十七岁，何不学学苏老泉呢？"陈老夫子也接着说："你如果愿意读书，我不收你的学俸钱。"同席的人都说："读书拜陈老夫子，学画拜寿三爷，拜了这两位老师，还怕不能成名！"我说："三相公栽培我的厚意，我是感激不尽。"寿三爷说："别三相公了！以后就叫我老师吧！"[2]

就这样，吃过午饭后，按照老规矩，阿芝先拜了孔老夫子的牌位，又拜了陈、胡二位老师，正式成了胡沁园、陈少蕃的弟子。

拜师之后，阿芝就在胡家住了下来。胡沁园、陈少蕃商量了一番，决定为阿芝重起名号，取单名叫做“璜”，又取了一个号，叫“濒生”，因为阿芝家住的离白石铺较近，又取了个别号，叫做“白石山人”，预备题画时用。

古人讲得好，教育学生要“因材施教”。陈少蕃根据阿芝的情况，反复考虑，认为他读书不同于小孩子上蒙馆，要从识字学起，也不同于那些要考秀才赶科举的人，要死读经书，苦做八股文，而是要适合学画的需要。

中国画有一个很大的特点，那就是画上有题识。这种题识是随文人画的出现而出现的，随着文人画的发展而发展。中国画的题识多为诗文，也有散文，多数有韵，实际上是散文诗。在中国古代，对绘画追求诗情画意、有启迪作用的应推王维，宋代的苏轼曾给予他“诗中有画”、“画中有诗”的评价。经苏轼提出之后，宋人开始在画上题识，但这种做法还不普遍。元代以后，诗、书、画才被人们称为画家必须具备的三绝。以后，随着文人画的发展，这种艺术表现形式日益精湛，多数艺术家，既是成功的画家，又是出色的诗人。宗白华曾说：“诗与画的圆满结合（诗不压倒画，画不压倒诗，而是相互交流交浸）就是情和景的圆满结合，也是所谓艺术意境。”[3]会作诗，是一个优秀画家必须具备的素质。

因此，陈少蕃决定让阿芝从学诗入手。他对阿芝说：“画画总要会题诗才好，你就去读《唐诗三百首》吧！这部书，雅俗共赏，从浅的说，入门很容易，从深的说，也可以钻研下去。俗语说，熟读唐诗三百首，不会做诗也会吟，这话不是完全没有道理的。诗的一道，本是易学难工，你能专心用功，一定会有成就。常言道，有志者，事竟成。又道，天下无难事，只怕有心人，天下事的难不难，就看你有心没心了。”

从那天起，白石就开始读《唐诗三百首》。

《唐诗三百首》是一部流传很广泛的唐诗选集，清乾隆十六年进士孙洙（别号蘅塘退士，江苏无锡人）编辑。他自序云“世俗儿童就学，即授千家诗，取其易于成诵，故流传不废。但其诗随手掇拾，工拙莫辨，且止五七律绝二体，而唐宋人又杂出其间，殊乖体制。因专就唐诗中脍炙人口之作，择其尤要者，每体得数十首，共三百余首，录成一编，为家塾课本，俾童而习之，白首亦莫能废，较千家诗不远胜耶。”确实，《唐诗三百首》选诗范围相当广泛，所选之诗大多都具有代表性，而且比较浅显，读者易于接受。

白天，阿芝专心听陈少蕃老先生讲诗。陈少蕃教书采取循序渐进的方法，每一首诗他都先讲诗的意境，然后再读，之后再让白石去背，背会了再写。白石小时在枫林亭蒙馆随周雨若读书，就读过《千家诗》，几乎全部都能背出来。现在读《唐诗三百首》，觉得很有滋味，读起来又很上口，于是越读越爱读，常常就着松火读到夜半时分。后来他回忆这段读书生活，作诗并注：

村书无角宿缘迟，
廿七年华始有师。
灯盏无油何害事，
自烧松火读唐诗。

余少苦贫，二十七岁始得胡沁园、陈少蕃二师。王仲言社弟友兼师也。朝为木工，夜则以松火读书。[4]

这时的白石识字不多，有很多生字，他一下子记不住，记不熟。于是他就想了一个办法，用同音字，注在书页下端，温习的时候，一看就认得了。就这样，他每天都听、读、背、写。经过约两个多月的时间，白石就把《唐诗三百首》背熟了。陈老夫子深为弟子的勤奋刻苦而感动，也为白石聪颖的天资惊异。

三百首唐诗读懂记熟之后，白石就在老师的指导下读《孟子》。《孟子》是儒家经典十三经中的一部，是记载孟子言行的书。孟子（公元前370年？—公元前289年?），名轲，今山东邹县人，是孔子以后战国中期儒家学派最有权威的代表人物。《孟子》一书用散文写成，其特点是气势充沛，感情强烈，笔带锋芒，富于鼓动性，有纵横家、雄辩家的气概。《孟子》文章语气极为逼真，很多语言接近口语，十分生动而有趣，虽然还没有脱离语录体，但比之《论语》有较大发展。白石在牧牛的时候，在外祖父周雨若的指点下，读完了《论语》，现在读《孟子》就不觉得很困难了。

读完《孟子》，又读唐宋八大家的文章。同时还翻阅《聊斋志异》一类的神怪小说，以开阔眼界，丰富想象力。

胡沁园、陈少蕃两位先生在培养齐白石的问题上，目标是明确的，那就是要让齐白石广读诗书，从民族优秀的文化遗产中汲取丰富的营养，为他学画奠定雄厚的文化基础。

中国画史上，凡是有成就的画家，都是注重艺术修养的。这个修养，既有人品的，也有文化的、艺术传统的，还有生活经历的。古人在这方面，早就有过精辟的论述。

北宋的郭若虚曾云：“窃观自古奇迹，多是轩冕才贤、岩穴上士；依仁游艺，探赜钩深，高雅之情，一寄于画。人品既已高矣，气韵不得不高，气韵既已高矣，生动不得不至，所谓神之又神而能精焉。”[5]郭若虚论述了人品与画品的关系，强调一个画家必须要有高尚的人品，但是他把高尚的人品独归于轩冕、岩穴，则是一种偏见。

清朝王昱说：“学画者贵先立品。立品之人，笔墨外自有一种正大光明之概；否则，画虽可观，却有一种不正之气，隐跃毫端，文如其人，画亦有然。”[6]

清代松年在《颐年论画》中也就人品与画品的问题，发表了自己的见解：“书画清高，首重人品。品节既优，不但人人重其笔墨，更钦仰其人。唐、宋、元、明以及国朝诸贤，凡善书画者，未有不品学兼长，居宦更讲政绩声名，所以后世贵重，前贤已往，而片纸只字皆以饼金购求。书画以人重，信不诬也。历代工书画者，宋之蔡京、秦桧，明之严嵩，爵位尊崇，书法文学皆臻高品，何以后人吐弃之，湮没不传？实因其人大节已亏，其余技更一钱不值矣。吾辈学书画，第一先讲人品，如在仕途亦当留心吏治，讲求物理人情，当读其用书，多文有益友。其沉湎于酒，贪恋于色，剥削于财，任性于气，倚清高之艺为恶赖之行，重财轻友，认利不认人，动辄以画居奇，无厌需索，纵到‘四王’、吴、恽之列，有此劣迹，则品节已伤，其画未能为世所重。”

画品的好坏，还与人书读得多少有密不可分的关系。

明画家王绂在《书画传习录》中说：“要得腹有百十卷书，俾落笔免尘俗耳。”

古人又云：“绘事必须多读书，读书多，见古今事变多，不狃狭劣见闻，自然胸次廓彻，山川灵奇，透入性地时一洒落，何患不臻妙境？”[7]“绘事，清事也，韵事也。胸中无几卷书，笔下有一点尘，便穷年累月，刻画镂研，终一匠作耳，何用乎？此真赏者所以有雅俗之辨也。”[8]

白石在老师的指点下，学习异常刻苦，进步很快。3月的一天，阳光明媚的藕花吟馆前，牡丹盛开，一些诗友相约来到胡沁园家中，赏花吟诗。应召而来的白石吟诵出“莫学牡丹称富贵，却输梨橘有余甘”的佳句，使到会的诗人为之惊讶，胡沁园更是从心底感到欣慰。

白石跟陈少蕃老师读书的同时，还跟胡沁园学画。沁园师对他要求很严格，教他从工笔花鸟草虫学起。胡沁园常说：“石要瘦，树要曲，鸟要活，手要熟。立意、布局、用笔、设色，式式要有法度，处处要合规矩，才能画成一幅好画。”[9]他还把自己珍藏的古画讲解给白石听，教他仔细临摹，从中吸收精华。

立意、布局讲的是中国画中的构图问题，立意和气韵是中国画中构图的根本出发点和归宿。“意存笔先，画尽意在”一语，出于唐代张彦远的《历代名画记》，是他对顾恺之的人物画所作的评语。说明画者的意图，包括主题的构思，形象的刻画，笔墨的运用，在动笔之先，已经都考虑成熟，这样在落笔时，才可以一挥而就。画作完了，画者精密而深透的意图在画上也永存下来了。这句话还说明构思一经成熟，下笔后才能“意在笔先”，“不滞于手，不凝于心”，“画尽意在，象应神全”。

宋代的苏轼十分欣赏文同画的竹子，说文同竹子画得好的原因是“画竹先得成竹于胸”，道出立意的重要性。中国画凭借的材料是毛笔和宣纸，假定没有成竹在胸，用笔稍存迟疑停滞，就会造成笔致气韵不调畅，水墨溢出。如立意未周，又会使意境不显豁，会影响观画者领会作者的主旨。

立意精妙，作画才有引人入胜的意境。意境是艺术化了的境界，比现实更吸引人，更具备理想的高度。作者通过对自然与人物的加工，把观者从画外引入画内，再从画内引入画外，启发了人们无穷的想象力，抒发隽永的遐思。

中国画的布局是很有讲究的。作者脑子里对画意有了初步的腹稿，到表现在画面上，并非可以一蹴而就，而是要经过一番意匠的功夫，即所谓的“惨淡经营”。南朝谢赫就曾在《古录画品录》中提出绘画“六法”，其中之一便是“经营位置”。取得好的题材，还不算万事大吉，还要研究主体部分放在哪里，次要部分如何搭配得宜，甚至空白、气势、色彩、题词等等的细节都要反复推敲，宁可没有画到，但不可没有考虑到，这种推敲布置的过程即是一种“经营”。

中国画的造型方法区别于西方绘画、雕塑的团块造型方法，它使用的是一种特殊的手段——线条。

绘画的线条在自然界中是不存在的。通常所说的线条只不过是形体与形体、色块与色块会合的地方，是人们的想象力在它们之间创造出的可视语言。

可以说线条是最幼稚的造型语言，所有儿童的第一笔绘画，都是用线条来表现的。线条又是最原始的造型语言。东方或西方的史前穴居人，非洲、澳洲的土著居民，美洲的印第安人，都是用线条来表现他们看见的东西。线条又是最高级的造型语言。德国伟大的艺术家保罗·克利有句名言，“用一根线条去散步”。就是说用线条表达画家精微的感觉和细腻的情感。线条的本质正在于它的情感意味。当画家用笔画过纸张时，标出了空间界线，同时也表现着时间的流动。画家的感觉和情感，也随着这种流动而凝聚在画幅上。

中国画基本上是由线条和大块墨团、细碎墨点组成的，而墨团和墨点只不过是线的扩大和缩小，它们同样讲究骨力。中国画也可以说是线的艺术。它的形式美感，是线条（包括墨点、墨团）交织的节奏而产生的音乐性美感，即所谓的“笔情墨趣”。

中国绘画的这一美学特征是历史形成的。中国画线条的产生可以上溯到新石器时期的彩陶、商周的青铜器、建筑、壁画等。原始瓷器的口颈、腹部环绕着各种花纹，这些花纹绝大部分是以线条组成的几何形图案。以后的青铜花纹图案，同样是把物象溶在流畅的线条里。春秋到秦汉时大型的建筑、线雕、壁画、画像都很盛行，它们都以线条为主要装饰手段。所以在中国文化的发展期，中国的先民就把线条放在艺术中极重要的地位。线条这种主导作用还被孔子用来比喻人的修养。《论语》中记载孔子的弟子子夏问他：为什么美貌的女子有了天生动人的笑容和漂亮的眉眼，还要学礼呢？孔子回答得很干脆：“绘事后素”。意思是说这就如同绘画，有了漂亮的颜色，最后还要勾线，这样才能成为真正的图画。人即使有了美的天质，如不学礼，就像涂了颜色不勾线，仍然不能成为一幅画一样。孔子把画中线条的地位，提高到礼的地位，可见线条在古人心目中是何等的重要。

中国画线条的成熟，主要得益于引书法入画。中国的文字是象形文字，用线画出图形，虽然经过几次演变，但这种类似绘画的形式，一直没有改变。书法一直具有模拟造型的特点，它的线条章法和形体结构，也一直建立在象形的基础上。这就是“书画同体”的一个根据。魏晋时期，中国绘画刚趋于成熟，而中国书法已取得了极高的成就，笔意、体势、结构、章法已十分多样、丰富；到了唐宋，中国绘画走向全盛，中国书法也同样达到了高峰。草书、特别是狂草，笔法变化多端，更富于抒情性。书法在寻求线条的音乐性意味中，取得了十分丰富的艺术经验，直接滋养了绘画。许多书法家同时又是画家，如苏轼、米芾、赵孟頫等。元朝以后，诗、书、画即融为一体了。

印章也进一步促进了中国画线条的发展。印章虽然是刀刻，但它的刀法就是笔法，同样是用线条来组织和构成。印章所要求的屈伸疏密、各得其易；秾纤修短、各得其度；曲直虚实、行止往流；皆归于自然等等，都与画中运线完全相通。所以中国特有的印章常给画家们带来有益的启示。

每种绘画都离不开它特用的工具。这些工具及其功能会产生独特的艺术特征。中国画所用的毛笔，具有尖、齐、圆、健的特点，所画的每一根线条都具有一定的力度和厚度，都能产生节奏感和立体感。毛笔的笔尖、笔肚、笔根都会产生不同表现意味的线条，运笔时还具有中锋、侧锋、卧锋、逆锋、拖锋、藏锋等笔势变化。

如何用笔，前人早有过论述。唐代美术理论家张彦远曾说：“骨气形似毕本于立意而归乎用笔”。[10]也就是说，一幅画的主题（立意）能否随着形象的构成（包括骨气和形似两方面）而具体表达出来，全在于用笔。可见用笔是中国画表现方法上最基本的技术条件。事实上，历代的大画家无不在用笔上下过苦功。展现在观者面前的是完整的艺术形象，而蕴含在形象之中的，是精湛的勾线技巧。

古人论画常说“骨力”，认为没有骨力，作品就不会有神气。如倪瓒论王蒙的画，就称之为“叔明笔力能扛鼎，五百年来无此君”。而这种骨力的本质意义是什么呢？宗白华先生认为：“骨法用笔，即系运用笔法把捉物的骨气以表现生命动向”。这个“生命动向”是指画家的主观意向，所谓的“骨力”就是画家心灵律动、感情迸发的力度、深度和厚度，只不过这是通过手腕的运笔“记录”在线条之中的。这就是为什么画家画同样的山、用同样的表现程式，却会表现出色形完全不同、深度完全不同的感情的缘故。这也是中国画家谈用笔最终会谈到修养、谈到学问上去的缘故。笔墨修养归根到底在于画家知识和人格的修养，也就是画家感情和心灵的深度。所以，线条的抽象性，正是中国画写意精神在绘画形式上的体现。

中国画的设色也有自己的特点。绘画的色彩来自客观世界的光与物体，同时也表现艺术家的思想感情。中国画的色彩具有抽象性，它不模仿具体物象的色彩，而是画家根据自己的理解与主题的需要，或以单纯的色相、饱和的色度，造成响亮灿烂的效果，或者是减弱色度、缩小色相的差别，创造恬淡而蕴藉的效果。墨色是中国画特有的色，它是一种净化了的、升化了的色彩。它在单纯中见丰富。水墨与颜色相比，可收到多姿多彩的墨趣，其层次之多和意外之变化是任何色彩都难以达到的。所以张彦远认为，“玄化无言，神工独运，草木敷荣，不待丹绿之彩”。又说：“是故运墨而五色具，谓之得意；意在五色，则物象乖矣。”

要做一个好画家，必须在立意、布局、用笔、设色上下功夫。

白石本来对画有浓厚的兴趣，在老师的点拨下，顿觉眼界开阔。他如饥似渴、废寝忘食地学习着、练习着。一段时间后，人瘦了，但绘画有了长足的进步。这一年冬天，白石作了幅《琴书至乐图》，是幅山水画。沁园师立刻高兴地在画面上题诗：

移石动云根，
绿竹半含箨；
相对亦忘年，
山村杏花落。

并夸奖白石的画已达到云林境地。可白石从不因博得老师的称赞而满足，而是始终不知疲倦地习画，以求达到更高的水准。即使到了声誉极高的晚年，齐白石仍非常谦虚，不断吸收好的东西。1946 年他曾对胡橐说：“艺术之道，要能谦，谦受益。不欲眼高手低，议论阔大，本事卑俗。”[11]他还说：“要每日作画，不教一日闲过”。“一天不画画心慌，五天不刻即手痒。”[12]天道酬勤，白石最终取得了成功。这是后话。

白石自习画开始，只有生病，或遇到重大事故的时候，才停下画笔，此外绝无间断。一次因家里有事，他间隔三天没作画。第四天他重提画笔，觉得手不从心，笔落下去不坚实，设色不调和，即在画上题“三日未作画，笔无狂态”[13]的语句提醒自己。又一次因天气骤变，他心绪不宁未作画，第二天即补上，并云：“昨日大风雨，心绪不宁，不曾作画，今朝制此补充之，不教一日闲过也。"[14]

齐美人

白石住在胡沁园家"读书学画，有吃有住，心境安适得很，眼界也开阔多了，只是想起了家里的光景，决不能像在胡家认识的朋友一般'胸无牵挂'"。[15]

1889 年 7 月 11 日，春君生了个儿子，这是白石的长子，取名良元，号伯邦，又号子贞。家境本来就不好，又增人口，日子愈加艰难，经常是吃了上顿没下顿。白石虽还为人雕花，但这种手艺很费时间，每雕一件花费很多天，而报酬又低，根本不足以维持家用。于是白石就想走胡沁园老师提出的"卖画养家"的路。画画不像雕花，不受什么限制，有时间便可以画，画起来也比雕花省事得多，既方便，又实惠。

> 那时照相还没有盛行，画像这一行手艺，生意是很好的。画像，我们家乡叫做描容，是描画人的容貌的意思。有钱的人，在生前总要画几幅小照玩玩，死了也要画一幅遗容，留作纪念。我从萧芗陔师傅和文少可那里，学会了这行手艺，还没给人画过，听说画像的收入，比画别的来得多，就想开始干这一行了。沁园师知道我这个意思，到处给我吹嘘，韶塘附近一带的人，都来请我去画。一开始，生意就很不错。每画一个像，他们送我二两银子，价码不算太少，但有些爱贪小便宜的人，往往在画像之外，叫我给他们女眷画些帐檐、袖套、鞋样之类。甚至叫我画幅中堂、画堂屏条，算是白饶。好在这些东西，我随便画上几笔，倒也并不十分费事。我们湘潭风俗，新丧之家，妇女们穿的孝衣，都把袖头翻起，画上些花样，算做装饰。这种零碎玩艺儿，更是画遗容时必须附带着画的，我也总是照办了。后来我又琢磨出一种精细画法，能够在画像的纱衣里面，透视出袍褂上的团龙花纹，人家都说，这是我的一项绝技。人家叫我画细的，送我四两银子，从此就作为定例。[16]

从这时开始，齐白石就扔掉了斧锯钻凿一类的家伙，改了行，不再雕花，而专做画匠了。

从 1890 年至 1894 年 5 年的时间里，齐白石靠卖画为生，一面卖画，一面刻苦学习。开始卖画的一段时间里，家里只能勉强维持吃饱，常常没有油点灯，白石只能借着松火作画、读书到夜半。白石有位好朋友黎丹，号雨民，来看白石，两人谈诗。又从一位朋友——胡沁园的外甥王仲言处借来一部白香山的《长庆集》，硬是就着松火读完了。白石回忆此段经历，诗云：

难得当年快活时，
贫家只有老松知；
不妨兰壁烟如海，
燃节为灯夜作诗。[17]

这一时期，白石的足迹遍及家乡百余里地区，名声一天比一天大。找他画像的人也越来越多，收入日渐丰厚，家里的生活有了转机。母亲、妻子愁苦的脸上渐渐有了笑容，祖母也高兴地说："阿芝，你倒没有亏负了这枝笔。从前我说过，哪见文章锅里煮，现在我看见你的画，都在锅里煮了。"白石听了祖母的话，就画了几幅画挂在屋里，又写了一张横幅题了"甑屋"两个大字，意思是："可以吃饱啦，不致于像以前锅里空空的了。"这段生活经历，白石一直不能忘怀。30年后，白石居北京卖画，将自己的一间居室命名为"甑"，并刻一方印文"甑屋"，注云：

余未成年时喜写字，祖母尝太息曰，汝好学，惜来时走错了人家。俗语云，三日风，四日雨，那见文章锅里煮。明朝无米，吾儿奈何！后十五年，余尝得写真润金买柴米。祖母又曰，那知今日锅里煮吾儿之画也！忽忽余年六十一矣，犹卖画于京华，画屋悬画于四壁，因名其屋为"甑"，其画作为熟饭，以活余年。痛祖母不能同餐也。[18]

齐白石的绘画生涯是从画人物开始的。

中国美术发展的早期，绘画的主要题材是人物。山水画、花鸟画的兴起是魏晋南北朝以后的事情。作为上层建筑的绘画，同社会意识形态既有联系又有区别，在反映社会生活方面，有它的特殊性，历来强调它的社会功能。概括起来，有三方面的作用：认识作用、教育作用、审美作用，这在中国古代画论中多有论述。

认识作用。绘画往往通过典型的瞬间形象反映生活，欣赏者从不同的绘画作品中看到不同时代、不同地区、不同民族具体生动的生活情景，从而认识真理、认识历史、认识现实。所谓“使民知神奸”、“穷神变，测幽微”、“令人识万世礼乐”、“一画有千秋之遐想”等，就是指绘画的认识作用。

教育作用。绘画作品能给人们以思想教育和道德教育的作用。即所谓“恶以诫世，善以示后”、“明劝戒，著升沉，千载寂寥，披图可鉴”、“成教化，助人伦”、“理乱之纪纲”、“存乎鉴戒者图画也。”

审美作用。优秀的绘画作品都有一种魅力，它使人欣赏时能完全迷恋，整个心情、精神都感到愉快和满足，给人一种美的享受。所谓“畅神”、“悦情”、“怡悦情性”、“快人意”等，即指绘画的美感作用。

在中国漫长的封建社会发展过程中，不但统治者把绘画看作是治理社会、收拾人心的一种工具，就是普通百姓也十分看重绘画在规范人们行为、宣传伦理道德方面的作用。这种观点在人物画的发展过程中体现得尤其明显。孔子观周明堂，见到周公（姬旦）抱成王在斧形的屏风前，接受诸侯朝拜的图画，对从者说：“此周之所以盛焉。夫明镜所以察形，往古者所以知今”。周朝的壁画早已化为尘埃，但人们从山东武氏祠汉代画像石上却可见到周公辅成王图画。周公辅成王的故事，从周至汉，屡有描绘。这正如郭若虚所言：“要在指鉴贤愚，发明治乱。”及至汉代，圣君、贤相、义士、烈女，成为绘画的主题思想，这是西汉尊儒而夹杂黄老思想在绘画上的曲折反映。因而曹植在《画赞序》中评论道：“观画者，见三皇五帝，莫不仰戴；见三季暴主，莫不悲惋；见篡臣贼嗣，莫不切齿；见高节妙士，莫不忘食；见忠节死难，莫不抚首；见放臣斥子，莫不叹息；见淫夫妒妇，莫不测目；见令妃顺后，莫不嘉贵。是知存乎鉴戒者，图画也。”[19]魏晋南北朝时期的人物画，除了宣扬封建道德伦理外（如顾恺之的《女史箴图》），“竹林七贤”这样的时髦人物也进入了绘画。很多绘画名手都画过“竹林七贤”。这是鄙视礼法，主张越名教，任自然思潮的反映。唐朝至五代，是人物画极兴盛的时期，成就卓著 ，风格独特，气度不凡。描绘帝后生活，反映政治活动，赞扬功臣，是反映现实生活人物画中的重要组成部分。“以忠以孝，尽在于云台；有烈有勋，皆登于麟阁。见善足以戒恶，见恶足以思贤。留乎形容，式昭盛德之事；具事成败，以传既往之踪。”[20]阎立本的《步辇图》、顾闳中的《历代帝王图》是中国人物画中不可多得的神品。宋朝开国之始，即处于辽和西夏的威胁中，后来偏安于江南。在这样的时代，人们不免要有忧国之情，召唤古之幽灵以启示现实。宋代的人物画多有感而发，如《晋文公复国图卷》、《光武渡河图》、《望贤迎驾图》等，《文姬归汉图》则写人所同情的别夫离子的蔡文姬的遭遇。“盖古人必以圣贤形象，往昔事实，含毫命素，制为图画者，要在指鉴贤愚，发明治乱。故鲁殿纪兴废之事，麟阁绘勋业之臣。迹旷代之幽潜，托无穷之炳焕”。[21]

这种画风一直延续到清代。即使是普通人家，对历史上流传下来的优秀故事也非常喜爱，常常请人画了挂在家中欣赏。齐白石除给人画像外，还画“文姬归汉”、“木兰从军”这样的题材，还画西施、洛神仕女形象，这些都是中国古代仕女画的典型题材，深受人们的喜爱。

仕女画在中国传统人物绘画中，占有重要的位置。湖南长沙战国楚墓中出土的《人物龙凤帛画》，可称得上是中国历史上最早的一张仕女画（主要指流传至今的作品），也可以说是仕女画的起源。然而这张画并不成熟，只具有原始仕女画的雏形。上溯至夏、商、周时期的青铜器上，虽然也可见到一些妇女形象，但一般都是附属，不是主题，很少有单独以妇女为主题而表现的，且均为铸造，不是绘画。

汉代，出现了中国画史上记载最早的一名专画妇女肖像的画家毛延寿。毛延寿是汉元帝时期著名的官廷肖像画工，画人像的技法很高明，其代表作有王昭君像。王昭君名嫱，后人称其为明妃。据传，她自恃美丽，不愿向毛延寿贿赂，毛便将她画得很丑。当匈奴来汉朝求婚时，元帝按图选，将昭君许给呼韩邪单于。待元帝见到昭君后，方知她才貌出众，但悔婚已晚，遂将毛延寿等 6 位画妇女像的宫廷画工同日弃市。可惜毛延寿和另 5 位画工所画的《宫女图册》，只见于画史记载，并没有流传于世。

晋代，仕女画有了一定的发展，如顾恺之的《洛神赋图》，在人物造型及动态方面，虽已远远超过楚《人物龙凤帛画》，但仍然不很完善。这是由于当时的仕女画与人物画一样，都还不能摆脱宗教的束缚，同时也受“人大于山”及带有浓厚装饰风味的人物与布景的影响和局限。

唐代仕女画较晋代更有所发展和突破。张萱和周昉首先把仕女画从宗教的束缚中解放出来，使它成为一个可与山水、花鸟画并列的单独画种。同时又将仕女优美的形象运用于佛教美术中（包括壁画和卷轴画），这是前所未有的创举。尽管如此，唐代仕女画也只能作为整个仕女画发展中的一个初步形成阶段。

五代是仕女画的鼎盛时期，也是仕女画的最后形成阶段。其间出现了不少专门作仕女画的画家，如周文矩、顾闳中、杜霄、阮部等。他们不仅继承了唐代仕女画的优秀传统，而且在塑造人物形象，掌握人体骨骼和比例关系，以及用笔、设色等方面，都有极大的创造和发挥，为仕女画的形成和发展作出了卓越的贡献。

中国历代仕女画的风格有所不同。从湖南长沙马王堆汉墓出土的帛画中的“轪侯妻”立像和山西大同出土的北魏木版漆画中的“舜后母烧廪”、“帝舜二妃娥皇女英”像来分析，虽是两个不同朝代的仕女画，然而体形大致相同，造型都比较稳重敦实，全身直立稍有动态，前胸向前微倾，腰以下借助于飘带的风势稍向后，使人感觉到既厚重又不呆板，脸形一般都呈椭圆形。这种风格在敦煌莫高窟北魏壁画中可以见到。在表现手法上，汉时线条不明显，魏时开始用细紧的线条描绘轻薄的丝织品或麻织品衣料。晋代则用风势的处理表现衣带的飘逸和人物的动态。汉、魏、晋时期的画家，在塑造仕女形象方面虽有一定的水平和成就，但表现手法仍处于萌芽状态。

唐代仕女画及雕塑（包括唐俑和唐三彩）的造型都很肥硕、丰满、健康。如西安乾陵的章怀太子和懿德太子墓、永泰公主墓壁画中的宫女群像，以及敦煌壁画中的供养人等仕女形象，均丰满圆润。由此可知，这种健康的仕女画造型风格，从初唐便已开始，与六朝、清末崇尚的清瘦仕女画造型风格相比，截然不同。特别是盛唐著名画家张萱和周昉的《捣练图》、《虢国夫人游春图》、《簪花仕女图》等问世以后，这种丰满、健康的造形风格更加显著，表现了当时贵族妇女追求奢侈华丽的风尚，并形成唐代仕女画特有的风格。

继六朝之后，唐代画家在顾恺之的“春蚕吐丝细线描”基础上，创造了“游丝描”、“铁线描”，以及综合这两种笔法的“琴丝描”，用以刻画仕女丰满的面部，光洁、华美的服饰以及服装的质感和衣纹的转折稠叠，给人以“罗薄透凝脂”之感。

五代仕女画在继承唐代的基础上又有所变革。在人物造型上，体型逐渐由胖变瘦，脸型由圆型逐渐变成椭圆，下颏开始变尖，从《韩熙载夜宴图》中的仕女人物上便可以看出这一变化。表现手法比唐代也前进了一大步，首先是将唐代细紧流利的丝描加以顿挫，形成了五代仕女画特有的“战笔描”和“折芦描”。此种笔法刚柔相济，表现力强。其次，设色渲染技法更加成熟，不但色彩丰富，而且“和色”也有很高的成就，因而色彩统一，调子和谐。如《韩熙载夜宴图》中的桌、床等木器，均用极深的墨表现，反衬出仕女衣带艳丽的色彩。

由于五代画家周文矩、顾闳中、杜霄、阮部等继承了唐代仕女画的优良传统，并互相取长补短，形成了五代凝重隐艳的仕女画风格。

唐、五代的仕女画大体上是在写实基础上进行装饰与夸张，富有浓厚的盛装风格。盛唐、晚唐及五代的仕女画在一定程度上受文学作品的影响。如晚唐的温庭筠、李商隐和南唐李后主等人的文学著作，对某些画家刻画宫廷和闺阁中空虚寂寞的妇女形象有一定作用。

宋代仕女画更趋于故事化和风俗化，但在人物造型方面仍然注重写实，对人物的感情刻画也较五代更细致。如《文姬归汉图》、《昭君出塞图》的写实风格为五代画家所不及。这个时期的仕女画又与“婴戏”、“货郎图”等风俗画相结合，大放异彩，成为新的仕女婴儿风俗画。李嵩、苏汉臣是这类画的代表画家。以李公麟为代表的白描人物画也为仕女画增添了新的光彩。

元代仕女画作品可以分为两种：一种是以民间画工为代表的充满生命力的作品；一种是以画家为代表的脱离生活的作品。二者在人物造型和表现手法上完全不同。后者的题材和内容大都因袭前人的旧套，脱离现实生活，只是根据历史题材和文学作品凭空构思。这种倾向是和当时士大夫阶层画家逃避现实的“遁世”思想是分不开的。而民间画工创造的人物画源于生活，放射着灿烂的光彩。永乐宫壁画即是最好的例证。这个壁画虽然是道教题材，但表现的妇女形象健康、丰满、神采奕奕，脸型和表情各不相同。还有描绘为愁眉的，也很优美、真实。这些仕女画继承了唐代的盛装风格，只不过是道像化了而已。

明代仕女画从人物造型来看，面型较清瘦，但在一定程度上还保持了元代仕女画椭圆的脸型。从表现手法上看，明前期画家偏重于临摹，后期出现了“变形”画派。以仇英为代表的仕女画与唐寅的仕女画相比，脸型显得更削瘦。但由于仇英平时注重学习与临摹传统人物山水绘画，熟练地掌握了一整套大青绿重彩设色技法，有很强的塑造形象能力，所以这一点是当时其他画家所不及的。然而他也受元以后绘画脱离现实的影响，偏重临摹而忽略从实际生活中吸取营养，因此他的作品缺乏生活气息和时代感。

明代仕女画家分工笔与写意两派，仇英等画家专攻工笔仕女画；唐寅、吴伟等专用水墨表现写意仕女画。由于写意画挥洒自如、笔墨酣畅，在明代仕女画中占有较重要的位置。

在明清交替时期，出现了擅长人物变形画的陈老莲和崔子忠两位画家，他们是明清人物画变形风格的创立者和代表者。尤其是陈老莲，被誉为“自明季以降，三百年来所无”的画家。他所画的人物，面型大多广目方颐，衣纹结构奇特，补景、树石诡谲离奇。其仕女画《仙女献寿图》、《西厢记崔莺莺》等，是这一风格的代表作。陈老莲之所以能独树一帜，是与他平时对生活的深刻观察和较深的文学素养分不开的。他的画对清末的任渭长、任阜长、任伯年有很大的影响。

清初和清中叶以后，仕女画受西洋画的影响，开始在面部采取一些明暗的染法，补景也运用了焦点透视和远近的画法，这是在此以前从未有过的革新和尝试。推行此种革新仕女画派的画家主要有焦秉贞及其弟子冷枚等，他们的作品具有中西和渗的风格，对当时的仕女画有着极大的影响。但在以玫琦、费丹旭为代表的脱离现实和以弱不禁风的仕女体态为审美标准的影响下，仕女被画成削肩、尖脸、柳腰的纤弱形象。为陪衬仕女用的补景也是随意想象出来的，如梧桐、柳树、荷花、芦苇、小楼、明月、雁阵、竹、花草、池塘等。这些画家相习成风，产生了大量的公式化和病态美的仕女画作品。当然不能否认，玫琦、费丹旭、王素、顾洛等画家，在笔墨气韵的讲求、构图的简练、着色的淡雅诸方面，仍有值得后人借鉴的地方。

清末自“三任”在画坛出现后，仕女画由低潮又转向高潮。“三任”中的任伯年，继承了陈老莲的人物变形风格，并有所发挥和创造。他对人物的塑造有高度的概括力，既能准确地造型，又能运用变化莫测犹如草书的笔法，生动地刻画出人物的个性。他学陈老莲的风格而又不为其所拘，并有惊人的线描创造力，注意在生活中积累素材，通过想象创造出自己特有的笔、墨、设色诸方法，因而能集前人之大成，形成自己独特的风格。现故宫陈列了他的几张妇女画像，是其代表作。

清代仕女画虽然存在公式化和病态美的缺点，但某些方面仍有可取之处，如吸取西洋画的优点融合到自己的作品中；仕女的造型强调姿态优美；表现手法常将写意风景画法用到画中作为特定补景；风格崇尚淡雅和飘逸。尤其是将诗词直接题到画面上，用以衬托画的主题思想，平添了浓厚的文学气氛。这一点为清代以前的仕女画所不及。

仕女画常表现的题材有：

洛神，即洛水的女神。传说洛神是伏羲之女，叫宓妃，因渡水淹死，成为水神。曹植曾作《洛神赋》，描述其形体姿态之美。

其形也，翩若惊鸿，婉若游龙，荣曜秋菊，华茂春松，仿佛兮若轻云之蔽月，飘飖兮若流风之回雪。远而望之，皎若太阳升朝霞；迫而察之，灼若芙蓉出渌波。秾纤得衷，修短合度。肩若削成，腰如约素；延颈秀项，皓质呈露，芳泽无加，铅华弗御。云髻峨峨，修眉连娟，丹唇外朗，皓齿内鲜，明眸善睐，辅靥承权。瓌姿艳逸，仪静体闲；柔情绰态，媚于语言；奇服旷世，骨相应图。"[22]

西施，传说为春秋末年越国苎罗（今浙江诸暨南）人。由越王勾践将她献给吴王夫差，成为夫差最宠爱的妃子。吴灭亡后，她与范蠡偕入五湖。《庄子》云："西施病心而矉其里。其里之丑人见而美之，归亦捧心而矉其里。其里之富人见之，坚闭门而不出；贫人见之，挈妻子而去之走。彼知美矉，而不知矉之所以美"。西施之美，为当时民间所艳称。

湘君，为湘水之神。传说是尧的女儿、舜的妻子，因死在湘、江之间，人称湘君。

千百年来，这些动人的传说一直在民间流传，她们优美的形象深得民众的喜爱。齐白石潜心研摹前人的作品，吸收前人的优秀创作手法，所画仕女神色生动，有转眸视人之效果，精丽艳逸，深受乡人的喜爱，因而称他为"齐美人"。但他自己却很谦虚："我那时画的美人，论笔法，并不十分高明，不过乡人光知道表面好看，家乡又没有比我画得好的人，我就算独步一时了。常言道：'蜀中无大将，廖化作先锋'，他们这样抬举我，说起来，真是惭愧得很。"[23]

齐白石并不专画人物，也画花鸟草虫。杏子坞是个僻静的村庄，山水非常秀丽。齐白石从小便接触到大自然景物的美，对家禽野畜有着细致的观察、入微的了解，这对于提高他的艺术修养有着极重要的作用。掌握了比较娴熟的绘画技巧后，那些活动于脑际的生命形象，便从他的笔端跃然纸上。他画透明的虾、绒毛小鸡、萝卜、白菜、藤萝，画他能见到的一切有生命的美的东西。他所描绘的花鸟虫鱼，从不摹仿别人，都是那么生机勃勃，情趣盎然。他具有敏锐的观察力，记忆力特别强，能准确地捕捉形象。他有一双显微镜式的眼睛，早年画的昆虫，纤毫毕露；画飞蛾伏在地上，满身白粉，头上有两瓣触须；他画的蜜蜂，翅膀好像有嗡嗡的声音；他画的知了、蜻蜓，翅膀像薄纱一样。他说自己画花鸟是“为万虫写照，代百鸟传神，只有天上之龙，无从见得，吾不能画也。”他还在自己画的草虫册上题了四个字：“可惜无声”。画中草虫生动欲活，观之若动，画家独以画不出声音来引为惋惜。古人说画是无声诗，盖谓此也。其实白石画的蜜蜂、蟋蟀等已经达到了绘声绘色的境界。1951年，老舍以清初查初白的诗句“蛙声十里出山泉”为题，请齐白石作画。白石躺在藤椅上沉思良久，结果画一群蝌蚪从长满青苔的乱石中，随着淙淙作响的山泉直泻而出。画面虽无青蛙，观者却感到蛙声已从山后随泉水隐隐传来。此事已成现代画坛一则佳话。

白石聪颖的天赋，刻苦的精神，深深地感动着胡沁园。他要创造条件，把白石培养成一个多面手。于是决定请老师教白石裱画。

中国是一个历史悠久的文明古国，它的文化艺术处处体现出浓郁的东方色彩和民族风格。特别是书画的表现和欣赏形式更在世界绘画之林中显示出鲜明的特点。不论是谁，在看到那些书画珍品的时候，不仅被书画家们的丹青妙墨所吸引，同时也会感受到那将一幅幅书画陪衬、烘托得如此典雅、和谐的形式所带来的美感。这形式便是中国书画所采用的独特装潢——卷、轴、册。

书画装潢是中国古代文化的产物，是伴随书画传统艺术生发的一种特殊装潢工艺。在中国书画发展的漫长历程中，装裱与书画的关系可谓是休戚与共，紧密相连。

中国画装裱形式的出现，据唐人张彦远分析：“自晋代以前，装裱不佳，宋时范晔始能装背”。装裱这门技术，于晋代有了萌芽，南北朝时趋于成熟。唐六典中载有“崇文馆有装潢匠五人”，可见唐代内府中已有专职的裱工，而且像著名书法家褚遂良等还监掌装背的工作。至宋代建立画院，裱背更为昌盛。目前尚流传有一种宋代裱法。周密的《齐东野语》记有“绍兴御府书画式”，还规定了装潢名贵书画的格式，用料尺寸都非常讲究。宋代裱画的尺寸比例，一般为下引首约等于上引首的2/3，地头长度约等于天头长度的3/5。这种比例一直沿用到今天，仍有很大影响，现在仍沿用两边镶裱较窄的宋代“宣和式”裱法。

中国卷轴式的装裱方法与中国画的特有风格是一致的。比较起来看，西洋画用沉重的雕花框为饰，固然很有立体感和集中视觉的效果，但没有中国画的轻巧灵活、便于保存和携带的优点。

一幅中国画，正规的装裱程序十分复杂，短时间内无法掌握这门技艺，需用相当多的时间从师学艺。装裱中国画从托心到装裱成功，要经过六道工序：一般是托背下壁后找正画心，这是第一道——托心和方裁；之后要选配宽窄合宜、长短适度的边和天地头材料，这是第二道——制配镶料；然后镶接起来，四裁、转边，这是第三道——镶嵌；后粘纸串扶背后，还要再一次上壁待干，然后取下，这是第四道——配背和扶活；继而用蜡板上蜡进行研光，即用一块砾石，细细打光，这是第五道——研光；最后是批串上杆，按照画幅的宽度，找出天地合宜的木杆，钉上挂圈，包裹上轴头，然后系条、封箍、扎带，这是第六道——上杆和扎带。这么复杂的工序，画家一般都请裱工师傅代劳。

齐白石的家乡，向来没有裱画铺，只有几个会裱画的人，走乡串户为人裱画，萧芗陔就是其中的一个优秀裱工。“沁园师曾把萧师傅请到家里，一方面叫他裱画，一方面叫大公子仙逋，跟他学这门手艺。特地匀出三间大厅，屋内中间，放着一张尺码很长很大的红漆桌子，四壁墙上，钉着平整干净的木板格子，所有轴干、轴头、别子、绫绢、丝绦、宣纸以及排笔、浆糊之类，置备得齐齐备备，应有尽有。”[24]胡沁园对齐白石说：“濒生，你也可以学学。你是一个画家，学会了，装裱自己的东西，就透着方便些。给人家做做活，也可以作为副业谋生”。于是白石就同仙逋一起，跟萧师傅学裱画。齐白石学得很用心，进步很快。不久，他就把从托纸到上轴等一道道的工序全都学会了。

乡里人裱画，全绫挖嵌的很少，讲究一点的，也不过是“绫镶圈”、“绫镶边”而已，一般都是用纸裱。齐白石“反复琢磨，认为不论绫裱纸裱，关键全在托纸，托得匀整平贴，挂起来才不会有卷边抽缩、弯腰驼背等毛病。”[25]

裱画中最难的要数旧画揭裱。揭要揭得原件不伤分毫，裱要裱得清新悦目，遇到残破的地方，更要补得天衣无缝。一般的裱画师傅，只会裱新的，不会揭裱旧画。而萧芗陔却是全才，不仅新画裱得好，揭裱旧画也是他的拿手好戏。经过多日的研习，白石终于也把揭裱旧画的手艺学会了。

龙山七子

1894年2月21日，春君又生了个男孩，这是齐白石的次子，取名良黼，号子仁。

齐白石在卖画生涯中，结交了不少好朋友。这一年的春天，黎雨民的本家黎松安经胡沁园介绍，来找齐白石，请他为去年故去的父亲画张遗像。

黎松安，名培銮，又名德恂，家住长塘。长塘位于罗山脚下，杉溪的后面，溪水从白竹坳来，风景很优美。由于沁园师的缘故，白石画得格外认真仔细，那传神生动的画像，不但得到黎家人的好评，还意外地赢得了松安祖父的欢心。黎老先生很有才气，是个隐居山林的名士，喜爱艺术，收藏了不少古代名家的山水画，并且自己也能画上几笔。老先生很为出身贫寒的白石所感动，认为白石日后必能成大器。他把自己珍藏多年不肯示人的全部作品都拿出来给白石看，并让他临摹。于是白石就在黎家住了下来，潜心研摹古人的作品。这些画都是时人难得一见的真品，对白石绘画的进步大有裨益。见多才能识广，对于一个艺术家来讲，这一点尤为重要。白石晚年曾对学生说："有画展，要去看。有好画，更要多看、细看。见的多、学的多，自己才能画出好画。"正是由于湘潭地区众多有识之士无私的帮助，才成就了一位艺术大家。正如齐白石自己总结的那样：

> 我六十年来的成就，无论在刻、画、诗文各方面说来，不都是从古书中得来的，有的是从现在的朋友和学生中得来的。我像是吃了千千万万人的桑叶，才会吐出丝来；又似采了百花的蜜汁，才酿造出甜蜜。我虽然是辛苦了一生，这一点成绩，正是很多很多古往今来的师友们给我的。[26]

朋友们都知道白石在黎家做画，于是就常到松安家聚会。后来王仲言出了个主意，发起组织了一个诗会，约定集会地点，在白泉棠花村罗真吾、罗醒吾兄弟家里。这个诗会，起初只有四五个人，经常聚在一起，谈诗论文，兼及字画篆刻、音乐歌唱，大家兴致极浓。只是没有一定规程，兴起而聚，兴尽而散。转眼夏天到了，经过一段时间的活动，大家都觉得有必要成立一个诗社，地点就定在了五龙山的大杰寺。

大杰寺始建于明朝，地方清静幽雅，内有高大的银杏树，是个理想的避暑地方。诗社的骨干，除了齐白石和王仲言，还有罗真吾、罗醒吾兄弟二人以及陈茯根、谭子荃、胡立三。陈茯根名节，板桥人。罗真吾名天用，他的弟弟醒吾名天觉，是胡沁园的侄婿。谭子荃是罗真吾的内兄，胡立三是胡沁园的侄子。白石因年长而被推为社长，定社名为"龙山诗社"，他们七人在当地文坛被誉为"龙山七子"。

龙山七子中的其他六人，都是当地望族出身的年轻文人，在文学功底方面都强于齐白石，作诗的功夫，也比白石深得多。"不过那时是科举时代，他们多少有点弋取功名的心理，考试场里用得着的是试帖诗，他们为了应试起见，都对试帖诗有相当研究，而且都曾下了苦功。试帖诗要求工稳妥帖，又要圆转得体，做起来确实不容易。但它过于拘泥板滞，一点儿不见生气。"白石和他们不同，他反对死板无生气的东西，认为作诗应讲究灵性，而不应扭捏做态。他的诗生活气息浓，清新自然，有一种朴素的美。"因此，各有所长，也就各做一派。"白石说："他们能用典故，讲究声律，这是我比不上的。若说作些陶冶性情、歌咏自然的句子，他们也不一定比我好了。"[27]"我的诗写我心里头想说的话，本不求工，更无意学唐学宋，骂我的人固然很多，夸我的人却也不少。"[28]

翻看齐白石的诗集，清新、上口、直抒胸臆的词句比比皆是。兹录下几首，以飨读者。

喜岩上老人过借山

不信人穷为作诗，
晓灯展卷夜灯迟。
溪头一日东风雨，
流去桃花也不知。[29]

书冬心先生诗集后三首（之一）

只字得来也辛苦，
断非权贵所能知。
阿吾一事真输却，
垂老清平自叙诗。[30]

自题诗集五首（之一）

无才虚费苦推敲，
得句来时且快钞［抄］。
诽誉百年谁晓得，
煮泥堆上草萧萧。[31]

回忆故乡的诗

宅边枫树坳，
独坐无邻里；
忽闻落叶声，
知是秋风起。
杏子坞外山，
闲行日将夕；
不愁忘归路，
且有牛蹄迹。

1895年，齐白石33岁。这一年黎松安也组成了一个诗社。因松安家对面有座罗山，因此诗社取名为“罗山诗社”。

我们龙山诗社的主干七人，和其他社外诗友，也都加入，时常去做诗应课，两山相隔，有五十来里地，我们跑来跑去，并不嫌着路远。[32]

齐白石还回忆了那一年，由于他们常到黎松安家去举行诗会，引出灾民都到松安家去吃富户的事儿。

那年，我们家乡遭逢了很严重的旱灾，田里的庄稼，都枯焦得不成样子，秋收是没有把握的了。乡里的饥民，就一群一群的到有钱人家去吃饭。我们家乡的富裕人家，家里都有谷仓，存有很多稻谷，年年吃掉了旧的，再存新的，永远是满满的仓，这是古人所说积谷防饥的意思。可是富裕人家，究属是少数，大多数的人们，平日糊得上嘴，已不容易，那有力量积存稻谷，逢到灾荒，就没有饭吃，为了活命，只有去吃富户的一法。他们去的时候，排着队伍，鱼贯而进，倒也很守秩序，不是乱抢乱撞的。到了富户家里，自己动手开仓取谷，打米煮饭，但也不是把富户的存谷，完全吃光，吃了几顿饱饭，又往别的地方，换个人家去吃。乡里人称他们"吃排饭"。但是他们一群去了，另一群又来，川流不息的来来去去，富户存的稻谷，归根结蒂，虽没吃光，也就吃的所剩无几了。我们这些诗友，恰巧此时陆续来到黎松安家，本是为了罗山诗社来的。附近的人，不知底细，却造了许多谣言，说是长塘黎家，存谷太多，连一批破靴党（意指不安分的读书人）都来吃排饭了。[33]

后来龙山诗社从五龙山的大杰寺中迁出，迁到了南泉冲黎雨民的家里。齐白石往来于龙山、罗山诗社之间，非常投入。诗社为他提供了学习和提高的机会，也使他开阔了眼界。而诗友们也异常喜爱这位多才多艺的诗友，喜爱他那充满生活气息、乡土气味的诗句，并未因他是个木匠出身的画匠而轻视他。诗友们欢迎白石还有另一个原因，那就是要齐白石为大家造花笺。花笺是当地的土话，就是写诗的诗笺。

两个诗社的社友，都是少年爱漂亮，认为做成了诗，写的是白纸，或是普通的信笺，没有写在花笺上，觉得是一件憾事，有了我这个能画的人，他们就跟我商量了。我当然义不容辞，立刻动手去做。用单宣和官堆一类的纸，裁八行信笺大小，在晚上灯光之下，一张一张地画上几笔，有山水，也有花鸟，也有草虫，也有鱼虾之类，着上了淡淡的颜色，倒也雅致得很。我一晚上能够画几十张，一个月只要画上几个晚上，分给社友们写用，就足够的了。[34]

社友们非常喜爱白石画的这些明丽雅致的诗笺，使用得格外用心。白石的好友也常常说："这些花笺，是濒生辛辛苦苦造成的，我们写诗的时候，一定要仔细地用，不要写错。随便糟蹋了，非但是怪可惜的，也对不起濒生熬夜的辛苦！"

龙山、罗山诗社的诗友不但在一起吟诗作赋，还经常在一起切磋书艺，尤其是其中几个擅刻印章的诗友，对齐白石的影响和帮助很大。

中国画具有诗、书、画、印合一的特点。诗、书、画、印结合为艺术整体，是中国画发展到一定历史阶段逐渐形成的。大体而言，魏晋为其发端，两宋初具形态，元明清趋于全盛。

诗、书、画、印之所以能分流而汇合，主要是由两方面的因素决定的，一是诗、书、画、印之间有内在联系，一是文人参与创作有促成的功绩。

书与画、印的关系最为密切，书、画、篆刻用笔同法。汉末蔡邕奉诏作《赤泉侯五代将相图》，并撰赞文书其上。他的画、书、赞被时人称为“三美”。后世称诗、书、画、印为四绝，此时已初开三端。赞或写在画内，或写在画外，它是文不是诗，其性质是文学与绘画的结合。后世所谓的诗，也包括文在内。蔡邕论书提出的九势以及他创造的飞白书体，对书画影响深远。被推为书圣的王羲之，幼年受教于叔父王廙，也是书、画、文兼学并能。只是王羲之书名淹没画名，又无画迹传世，故人们很少知道他还是一名画家。与王羲之同代的顾恺之则画名掩盖了书名。据称桓温“每请长康与羊欣论书画，竟夕忘倦”。顾恺之作画笔迹“紧劲联绵”，如“春蚕吐丝”。《女史箴图》上的顾恺之自题楷书箴文，与其画都有重自然而气力内合的特点。张彦运分析六朝至唐的顾恺之、陆探微、张僧繇、吴道子四大家的艺术，得出“书画用笔同法”的结论，“故工画者多善书”。吴道子曾在长安、洛阳一带的寺庙作壁画300余幅，均亲笔题记。壁画现虽已不存，却是书与画密切相联的证明。吴道子作画行笔磊落挥霍如莼菜条，圆润折美。从传为他作的《送子天王图》来看，流畅生动的线描，与草书的韵律节奏无不契合。至元代，赵孟頫再次论述书画用笔同法的理论：“石如飞白木如籀，写竹还应八法通。若也有人能会此，须知书画本来同”。赵孟頫的见解是对元初柯九思等人画竹石花木笔墨技法的总结，其核心是一个“写”字。即用飞白体笔法画石，用篆体笔法画木，用楷体八种笔法画竹。《秀石疏竹图》就是这种理论的体现。在近一个世纪的元朝画坛上，画竹的画家约占画家总数的2/3，他们的笔路多是以写为美。

中国画十分讲究款书，少则数字仅记作者姓名，多则数十字至数百字，或诗或文，都离不开字。唐宋画，尤其是画师画，书款很少。有的仅书姓名，有的在姓名之前冠一臣字，字迹工整，往往写在不显眼的地方，大部分是连姓名也不写的。后世的研究者认为，有些画家因顾虑字欠佳有损画之美，所以无款。元以后情况大变，画家讲究“经营位置”，不再限于纯形象，题跋、用印成为章法布局的一部分。明代沈周的《夜坐图》，把画幅的一半用来题字，洋洋洒洒足数百言。清郑板桥于条幅上作竹石，修竹、耸石、竖题，画与题配合，气势清拔。有时他还将题跋写在竹竿之间，疏疏落落，参差不齐，较沈周更饶有奇趣。

纳入绘画章法布局的题跋，以变化、谐调为美。清人郑绩谈题跋，曾说“断不可平齐四方，刻板窒碍”。清朝乾隆皇帝一生作诗以万计，无一首能传诵人口。他将清宫收藏的古画名迹几乎遍题无遗，所题诗无诗味，形状总是长方块，实在是对艺术品的亵渎。

由于题跋的基础是书画用笔同法，故书画风格容易谐调。中国画用笔不外工笔与写意两大类，工笔宜楷书题，写意应用行书、草书题。宋徽宗赵佶作工笔花鸟，勾勒填彩，书款用“瘦金体”，比如《芙蓉锦鸡图》。工笔也可用篆书题。篆书的适应性较大。唐代的篆书题额石碑，不论碑文是何书体，篆书都显得大方美观。明徐青藤作花卉，笔墨如挟风雨，草书题跋才能与之匹配，助其气势。

印在周朝就有了。秦汉印有很高的艺术价值，气象深厚，天然无琢。印章本为征信之物，先秦以来长期如此。唐宋时期，书画鉴藏发达，印章始为鉴赏而用，从此进入了艺术领域。宋以前治印，书与刻分家，概因金属牙角等印材坚硬，而文人只能握笔落墨，不能捉刀而刻。元末画家王冕以石作印，以后篆刻发展迅速，至明中叶达到全盛。明代四大画家之一的文征明是诗、书、画、印的全才。他的儿子文彭在篆刻史上发挥了承前启后的作用，享有很高的声誉。明清时期涌现出诸多篆刻大家和流派，数不胜数。“四绝”成为文人画创作追求的理想。

治印的基础是书法，没有书法尤其是篆书的学问和功力，难以成为真正的篆刻家。篆刻的用笔及“分朱布白”与在纸上所作篆书同道，而且是寸内之地天马行空，难度较大。文征明的细笔山水及其篆刻，均以秀润著称。清程邃的枯笔渴墨山水及其篆刻，均以苍莽为特色。画与印风格的自然统一，说明书、画、篆刻三者的同道同法。

题跋与印章在中国画里的功能，从形式美的角度讲，有调节平衡、对照虚实、映衬形象等作用。八大山人作小幅画，形象常常偏于一侧。如果画面仅仅这样，观者在视觉上就有失去平衡的感觉，在形象的另一侧或书款或加盖一方印章，效果马上就不同了。八大山人尽管已将水墨渲染的表现力发挥到了极致，墨分五彩，但仍觉画面上墨、白、灰的色调中少点东西，加盖朱红印章之后，顿然醒目豁亮，单纯而丰富了。李可染作山水画《杏花春雨江南》，用淡墨写款，湿晕的水分气同画面上的雨景韵味天成。潘天寿的《焦墨山水》，利用错觉、幻觉变题款为形象，化文字为天幕，妙不可言。

画上用印，除有形式美方面的作用外，还能起到介绍画家经历和艺术思想等的功能。当然承担这些任务单靠姓名章是不行的，必须有闲章。八大山人有印文如"僧鞋"，表明他是个和尚。郑板桥印文"七品官耳"，是纪念他仕途生涯中的一段经历；"青藤门下走狗郑燮"，是表达他对徐渭这个伟大的艺术家的仰慕之情。

印文是艺术家思想的反映，了解一个艺术家，印文也是一个重要组成部分。要作一个国画家也就应该学好治印。而写好字是对一个画家的最基本要求，也是学治印的第一步。白石初学写字，学的是"馆阁体"。明清科举取士，考卷的字，要求写得乌黑、方正、光洁、大小一律。至清代中期，要求更严，使书法艺术到了僵化的程度。在明代，这种楷书叫"台阁体"；清代则叫"馆阁体"。因当时馆阁及翰林院中的官僚，擅写这种字体，所以得名。后来把写得拘谨刻板的字，也贬称为"馆阁体"或"台阁体"。

后来齐白石跟随胡沁园读书后，因两位师长胡沁园、陈少蕃写的都是何绍基一体的字，因此齐白石写字也改学何绍基。

何绍基是清代著名书法家。湖南道州人。1835 年（清道光十五年）乡试第一名，第二年中进士，为翰林院庶吉士，后授编修、国史馆提调，历任福建、贵州、广东乡试副主考官。1852 年（咸丰三年）提督四川学政，翌年因谤卸职，后主讲济南泺源、长沙城南书院。晚年主持苏州书局、扬州书局。何绍基对经学、文字学、金石、史地均有研究，造诣高深。著有《东洲草堂诗钞、文钞》、《惜道味斋经说》、《说文段注驳正》、《史汉地理合证》等。

何绍基的书法，四体皆工，大小兼能，亦善篆刻。他从颜真卿入手，上溯周、秦、两汉古篆籀，下至六朝南北碑版，搜集了近千种碑刻，心摹手追，成为清代末期大书法家。他的楷书取颜字结构的宽博而没有疏阔之气，还掺入了北碑及欧阳询、欧阳通的险峻茂密的特点，追求《张黑女墓志》和《道因碑》的神气，使他的书法不同凡响。他的小楷又兼取晋法，笔意含蕴，行草书熔篆隶于一炉，骏发雄强，独具面貌。他的篆书，中锋用笔，并能掺入隶书，而带行草笔势，自成一格。60岁以后，他专攻汉隶，尤其得力于《张迁碑》、《礼器碑》、《西狭颂》诸碑。他对于六朝碑刻的取法规律是“横平竖直”四字。纵观何绍基书法，早年秀润畅达，徘徊于颜真卿、李邕、王羲之和北朝碑刻之间，有一种清刚之气；中年渐趋老成，笔意纵逸超迈，时有颤笔，融厚有味；晚年人书俱老，已臻炉火纯青阶段，是清末碑学大家。

何绍基初写字，苦心孤诣地摸索执笔的方法。他为了强迫自己悬起腕来，发明了一个回腕执笔的方法。这方法是不符合人体的生理结构特点的，因此，他每写一次字就要出一身汗，但他意志坚定地长久用此方法写下去，竟从一个错误的方法中，获得了神奇的效果。这是由于勤学苦练，虽走了弯路而仍能成功的一个好例证。也正因为如此，白石很崇拜何绍基，他不仅学何绍基的字，也学他孜孜不倦的刻苦精神。

学刻印章，还应熟悉各种字体，这才会刻出好印。于是，白石每天除作画、读书外，又挤出时间学习写字，学写钟鼎篆隶各体。他认为自己：

> 书法得于李北海、何绍基、金冬心、郑板桥与“天发神谶碑”的最多。写“何体”容易有肉无骨，写李体容易有骨无肉，学金冬心的古拙，学“天发神谶碑”的苍劲。[35]

白石在主顾家作画时遇到了一件事，促使他下决心学刻印。

> 我在人家画像，遇上了一个从长沙来的人，号称篆刻名家，求他刻印的人很多。我也拿了一方寿山石，请他给我刻个名章。隔了几天，我去问他刻好了没有？他把石头还给我，说：“磨磨平，再拿来刻！”我看这块寿山石，光滑平整，并没有什么该磨的地方，既是他这么说，我只好磨了再拿去。他看也没看，随手搁在一边。又过了几天，再去问他，仍旧把石头扔还给我，说：“没有平，拿回去再磨磨！”[36]

这种傲慢态度激怒了白石，心想，这何止是看不起这块寿山石，分明是没把我齐白石放在眼里。于是，白石把石头拿回来，带着一股怒气，当夜用修脚刀刻出了一方印。朋友们看后，都认为颇有韵味。从此就开始了他的刻印生涯。

黎松安、黎鲸安、王仲言等几个会篆刻的诗友是白石学刻印最早的老师。初，白石要向黎鲸安学习。鲸安以为他是个木匠出身，怎么能学得好篆刻这门工夫，便指着自己手中的烟壶说道："芝木匠，你如果能喝我这烟水，我就指点你刻印。"他原是有点鄙薄的意思，想使白石自己知难而退，但没有料到眼前这个"芝木匠"，是一个意志坚强的人，竟毫不犹豫一把接过烟壶，仰头一饮而尽。

湖南湘潭一带的人都吸一种建条烟丝，讲究一点的烟壶是用白铜铸成的，烟壶里储的水经过烟薰以后，变成红褐色，又臭又辣，令人呕心。黎鲸安被白石的真诚坚毅所感动，从此便指导他刻印。白石刻的第一颗印为"金石癖"，鲸安和松安都认为很好，以后白石就精心刻起印来。

刻了一段时间后，白石自觉进步不大。正巧这时：

> 沁园师的本家胡辅臣，介绍我到皋山黎桂坞家去画像。皋山黎家和松安黎家是同族。黎桂坞的弟弟薇荪、铁安，都是会刻印章的，铁安尤其精深，我就向他请教："我总刻不好，有什么方法办呢？"铁安笑着说："南泉冲的楚石，有的是！你担一担回家去，随刻随磨，你要刻满三四个点心盒，都成了石浆，那就刻得好了。"[37]

这虽是一句玩笑，却也很有道理。白石于是打定主意，学刻印章从多磨多刻上去下苦功夫。他在《记罗山往事诗》中云：

> 石潭旧事等心孩，
> 磨石书堂水亦灾。
> 风雨一天拖两屐，
> 伞扶飞到赤泥来。

石潭、赤泥两地离白石的好友黎松安家甚近。1896年秋天，白石与松安等友人在杉溪附近散步，溪上有一独木桥，桥身很窄，人不敢轻易在上行走。松安取出一块青田石章，说："谁能倒退走过此桥，我便将这块石章奉送。"白石听罢，真的走了桥，又倒退回来。于是得到了松安的石章。白石常与黎松安研讨刻印，到他家去一住就是几天、十几天。松安给他一间很宽大的客房住，他在这客室里刻印时，刻了磨，磨了刻，磨刻不已，弄得客室满地泥浆，几乎无处插脚。

> 余学刻印，刻后复磨，磨后又刻。客室成泥，欲就干，移于东复移于西，移于八方，通室必成池底。[38]

齐白石刻印，得到了朋友的全力支持。黎松安不但为他提供住的场所，还把自己珍藏的丁龙泓、黄小松两家刻印的拓片，送给白石学习。

于龙泓，是清代著名篆刻家，名敬，字敬身，号砚林、钝丁、龙泓山人、孤云石叟，钱塘人（今浙江杭州市）人。为西泠八家之一。他终生未做过官，往来于扬州、杭州两地，与画家金农、篆刻家汪启淑、诗人厉鹗等交往密切。丁敬爱好金石碑版，精于鉴别，并富收藏。他能诗，擅长书法和绘画。著有《砚林诗集》、《龙泓山人集》，篆刻作品收入《西泠四家印谱》。

丁敬是浙派篆刻的开创者。他的篆刻主要取法汉印，并广泛吸收明代文彭、何震、苏宣等人的篆刻成就，在文彭、何震之外，别树一帜。丁敬篆刻风格清刚朴茂，特别讲究刀法，常用切刀、碎刀表现笔意。他的碎刀直切，使笔画锋棱具见，古拗峭折，一洗当时学文彭、何震日趋圆柔靡弱的习气。丁敬对章法也非常重视，分朱布白，常常匠心独运。在字形上有的方折，或变圆为方、方圆结合；有的常带隶意，笔画的减省、变化、挪让往往煞费苦心。其印章总的风格是平正、朴茂、古拙和浑厚，使当时受柔媚、怪异之风笼罩下的印坊大开眼界。丁敬印章的边款多为楷书，用刀取法何震，变明人双刀法为单刀直切石面。由于他对古代碑刻有高深的修养，因而所刻之印随刀锋之起止，而生出盎然古趣。

黄小松，清代著名篆刻家，名易，字大易。曾任山东运河同知。他工诗文，尤擅篆隶镌刻，其作品气韵独绝，为“西泠八家”之一，又与钱大兴、翁阳湖、孙青、浦王合称为金石五家。著有《小蓬莱诗钞》。

研习丁龙泓、黄小松两家的精密刀法，使白石摸到了一点刻印的门径。以后他在《忆罗山往事》诗并注中谈到了这件事：

谁云春梦了无痕，

印见丁黄始入门。

余初学刊印，无所师。松安赠以丁黄真本照片。[39]

入王湘绮之门

1897年（清光绪二十三年），齐白石35岁。在此之前，白石虽画名很大，但足迹只限于杏子坞附近百余里的范围内，别说出远门，甚至连湘潭县城也没去过。这一年，经朋友介绍，他离开杏子坞，往湘潭谋求发展。他在湘潭县城里为人画像，渐渐地认识了不少湘南地区有点名气和地位的文人。郭葆生（人漳）就是其中之一，其父有道台头衔尚未补到实缺，家庭富裕，自己颇知诗书。夏寿田也是其中之一，他号午诒，是桂阳州的一位名士。他俩人在以后的日子里对齐白石帮助很大。

1898年，白石妻春君又生一女，即白石的次女，取名阿梅。

1899年正月，经张仲飏介绍，白石拜见了王湘绮先生。

王湘绮，名闿运，字壬秋，因家有湘绮楼，而号之湘绮。湖南湘潭人氏，生于1833年，卒于1916年。咸丰年间中举人。太平天国期间，曾应肃顺聘请，在其家教读，很受肃顺的敬重，后撰写《祺祥故事》，为肃顺被杀辩解。以后又为曾国藩幕僚。太平天国被镇压以后，他从事讲学活动，被四川总督丁宝桢延请主讲成都尊经书院，又为长沙思贤讲舍、衡州船山书院山长。清末，授翰林院检讨，加侍读衔。辛亥革命后，任清史馆馆长。治《春秋公羊传》，宗今文经学，其诗文追摹汉、魏、六朝，为当时拟古派所推重。著述有《湘军志》、《湘绮楼日记》、《湘绮楼诗集》、《湘绮楼文集》等。

王湘绮是当时中国最出色的文人之一，“名气很大，一般趋势好名的人，都想列入门墙，递上一个门生帖子，就算作五门弟子，在人前卖弄，觉得很有光彩了。”[40]

张仲飏，名登寿，出身于贫寒家庭，年轻的时候学过铁匠，后来发愤读书，成绩突出，被王湘绮收为门生。大约是惺惺相惜的缘故，张仲飏与齐白石一见面便成了好朋友。他屡次劝白石拜王湘绮之门，但白石怕别人说自己是借王湘绮之名来抬高自己，迟迟不肯答应。王湘绮曾对人说：“名人有名人的脾气，我门下有铜匠衡阳人曾招吉，铁匠我的同县乌石寨人张仲飏，还有一个同县木匠，也是非常非常好学的，却始终不肯做我的门生。”

其实，白石何尝不想入王湘绮之门，只是王的名气大、地位高，白石恐自己一芥草民，难以高攀。另外，白石也确实不愿趋炎附势，借他人之名扬自己之声势。

正月，白石带着自己精心做的诗文、字画、印，在张仲飏的陪同下，拜见王湘绮。王湘绮认真看过白石的作品，说：“你画的画，刻的印章，又是一个寄禅黄先生哪！”给予他较高的评价。

寄禅，是湘潭地区一个有名的和尚，俗家姓黄，原名读山，是宋朝大诗人、大书法家黄庭坚的后裔，出家后，法名敬安，寄禅是他的法号，他还自号为八指头陀。他少年寒苦，后发愤读书，苦心钻研绘画，在当地很有名气。初此见面，王湘绮就以寄禅比齐白石，给齐白石以极大的鼓舞。

10月18日，白石正式拜王湘绮门，成为王的门生。这是齐白石从寒微出身，得以跻身文人与官宦阶层的有力因素。这时他所结识的文人已经是当时中国文学、艺术或政治上颇具影响力的一批了。

王湘绮在诗、文、画诸方面对齐白石帮助很大。但他从封建文人的角度出发，评齐白石的诗是《红楼梦》里的薛蟠体，却是有欠公允的。

自习刻印后，白石坚持不辍，进境颇佳。朋友们也极力为他四处鼓吹。黎铁安介绍白石到湘潭县城，给茶陵州的绅士谭氏三兄弟刻收藏印记。谭氏三兄弟是谭钟麟的公子。谭钟麟曾任闽浙总督和两广总督，位居一方。大公子谭延闿，字组庵，1876年生，1930年去世，光绪年间进士。1909年（清宣统元年）被推为湖南谘议局议长。1911年与汤化龙等人发起成立宪友会。辛亥革命时，杀害湖南正副都督焦达峰、陈作新，篡夺都督职位。1912年加入国民党。“二次革命”时，阻挠湖南反袁。此后任湖南督军兼省长。1926年任国民革命军第二军军长。1927年后依附蒋介石，曾任南京国民政府主席、行政院长等职。谭延闿诗文工整，又好篆刻。谭钟麟的次子谭恩闿，号组庚；三子谭泽闿，号瓶斋。两人的名气地位，远不如谭延闿。

由于是朋友嘱托，白石精心设计，细心收拾，一共为谭家兄弟刻了十几方印。印送去之后，却有一个自称是金石家的丁可钧，是个拔贡，指斥齐白石的刀法太懒。谭氏兄弟听后，便把齐白石刻的字统统磨去，请丁拔贡重刻。白石对此事很是感慨：

> 庚子前，黎铁庵索篆刻于余十有余印，丁拔贡（可钧）者以为刀法太懒，谭子遂磨去之。是时余正摹龙泓（丁）秋庵（黄）与丁同宗匠，未知孰是非也。黎鲸公亦师丁黄，刀法秀雅，余始师之，终未能到，然鲸公未尝相诽薄，盖深知余之纯任自然，不敢妄作高古。[41]

1900年，白石38岁。因为江西一位盐商画南岳胜景12幅而得了一笔丰厚的润资。

这位江西盐商住在湘潭县城，是个大财主。一次他逛了衡山七十二峰，深深为南岳的美景所吸引，以为这是天下第一胜景，便想请人画衡山全图，以留作纪念。朋友们就介绍齐白石去画。

衡山古称“南岳”，五岳之一，在湖南中部，山势雄伟，盘行数百里，有大小山峰七十二座，以祝融、天柱、芙蓉、紫盖、石廪五峰为最著。祝融峰海拔1290米，可俯瞰群山，观赏日出。相传舜南巡和禹治水都到过这里。其后除汉武帝以衡山道远而迁祀安徽潜山外，历代帝王祀典，南岳相沿不变。山上文物古迹、历代碑石甚多。有大庙、祝圣寺、藏经殿、方广寺、上封寺、祝融殿、南台寺、福严寺等建筑。而祝融峰之高，藏经殿之秀，方广寺之深，山帘洞之奇为南岳“四绝”。南岳风景绚丽多彩，古木参天，经年翠绿，奇花异草，四时郁香，吸引着众多游客。

根据盐商的意思，白石将南岳七十二峰，画成六尺中堂12幅。他采取重着色的画法，所画衡山苍山叠翠，气象万千。12幅画，仅石绿一色，竟用去了2斤。直到晚年，齐白石还把此事当作笑谈。但盐商却异常满意，连连称赞，送给齐白石320两银子做润资，这在当时是一笔很了不得的数字。

白石一家住的星斗塘老屋，房子不大，这几年又添了好几口人，更显得拥挤不堪。屋里放个画案，便连转身的地方都没有了。因此，白石很想用这320两银子找一处住房。

> 恰巧离白石铺不远的狮子口，在莲花寨下面，有所梅公祠，附近还有几十亩祠堂的祭田，正在招人典租，索价八百两银子。我很想把它承典过来，只是没有这些银子。我有一个朋友，是种田的，他愿意典祠堂的祭田，于是我出三百二十两，典住祠堂房屋，他出四百八十两，典种祠堂祭田。事情办妥，我就同了我妻陈春君，带着我们两个儿子，两个女儿，搬到梅公祠去住了。[42]

莲花寨离馀霞岭有20来里路，这里梅花繁茂。每到冬天，路旁全是绽开的红梅，香气袭人。白石因此便把住的梅公祠，取名为“百梅书屋”，并作诗称：

最关情是旧移家，
屋角寒风香径斜；
二十里中三尺雪，
余霞双屐到莲花。[43]

白石咏梅诗很多，如《题画梅》：

兴来磨就三升墨，
写得梅花倾刻开。
骨格纵然清瘦甚，
品高终不染尘埃。[44]

《小园梅花，尽入尺幅，寄贞儿长沙》：

冒雪冲寒两袖风，
自嗟肌骨祗梅同。
此身愿化梅千亿，
笑道无人作放翁。
好耐家园春竟寒，
依人生计十分难。
饥时与汝梅堪嚼
开尽梅花雪可餐。[45]

除梅花外，还有很多木芙蓉，深秋季节，花开烂漫，给大地铺上团团绵绣。白石定居北京后，仍忘不了那时的故居，题诗：

廿年不到莲花洞，
草木余情有梦通；
晨露替人垂别泪，
百梅祠外木芙蓉。[46]
芙蓉花发咏新诗，
故国清平忆旧时。
今日见君三尺画，
此心难舍百花祠。

百梅祠在湘潭南行百里莲花山下，予曾借居七年，亲手栽芙蓉花树甚茂。此也为人题画芙蓉作。[47]

梅公祠内有块空地，白石在这里盖了一间书屋，取名“借山吟馆”。房前屋后，种了几株芭蕉。到了夏天，绿荫铺阶，凉生几榻。尤其是秋风夜雨，潇潇簌簌，更助人诗思。白石曾有诗云：

莲花山下窗前绿，
犹有挑灯雨后思。[48]

他在“雨里芭蕉图”中题诗道：

顷刻芭蕉生庭坞，
天无此工笔能补。
昔人作得五里雾，
老夫能作朝朝雨。[49]

据齐白石自述，这一年，他在借山吟馆内读书学诗，做的诗有好几百首。所谓借山吟馆，顾名思义，“借山”，即山非自己所有。因为梅公祠系一公祠，白石当时只是赁住，祠外之山，“不过借来娱目而已！”但他自己认为在这里自修收获颇大，感情上十分留恋，故特地绘了一幅《借山吟馆图》作为纪念。

梅公祠离星斗塘只有5里来地，不十分远。白石虽与祖母、父母亲分开住了，但在经济上并未分开。白石是个非常孝敬老人的人，为人作画得来的报酬，一部分留给春君维持家计生活，另一部分就交给母亲，以补贴家用。他和春君常常回星斗塘去探望祖母和父母亲。

从梅公祠到星斗塘，沿路有许多水塘，塘里种的都是荷花，到花儿盛开的时候，在塘边行走，一路香风，沁人心脾。白石用“五里新荷田上路，百梅祠到杏花村”来形容这清新优美的景致。

齐白石在39岁以前的画，以工笔为主。所画花鸟草虫非常传神。这得力于摹古，更得益于对生活细致入微的观察。他在家里一直养着纺绩娘、蚱蜢、蝗虫、蟋蟀、蜻蜓、蜜蜂、螳螂一类的生物。他时常长久地注视其动态，对之写生，日久则传神。

齐白石热爱一切美的事物。他爱花，尤爱荷花的清新、纯洁。他在梅花祠门前的水塘里，种了不少荷花，夏末秋初，结的莲蓬非常多。白石画荷花，尤喜画残荷，看似很乱，实则很有气势，大约是偏爱“留得残荷听雨声”，带有诗意的的情调吧。

莲蓬结子时，齐白石便在塘边用稻草盖了一个小棚子，吩咐自己的两个儿子轮流看守。这时齐白石的大儿子元良12岁、次子良黼6岁。贫苦人家的孩子懂事早，小小的年纪，他们已开始帮助父母分担生活的艰难。平日小哥俩上山打柴，哥哥照顾着弟弟。一日，中午刚过，火辣辣的太阳高高挂在天上，一丝风都没有。白石在门前塘边闲步，看见良黼在草棚之下，睡得正香。草棚很小，遮不了他整个身体，棚子顶上盖的稻草，又极稀薄，他只穿了一件破旧的短衣，汗出得像流水一样。白石看着地上被太阳晒枯的草，心想，他小小年纪，在这么毒的日头下，如何受得了呢？就把良黼叫了起来，带回屋里。看着因怕责备而眼泪汪汪的孩子，白石的心里难过极了。这都是生活所迫，如果日子能稍稍富裕些，孩子怎么会受这份苦呢？

1901 年，齐白石 39 岁。这时的白石，在湘潭地区的画界、文坛已颇有名气，不少文人慕名请他。湘潭县城有位名叫李镇藩的内阁中书，号翰屏，是个傲慢自大的人，向来瞧不起任何人。王湘绮的内弟蔡枚功（名毓春）曾作过内阁中书，与李镇藩是同事。他特别欣赏齐白石的画，把白石与颜子相比，对李中书说："国有颜子而不知，深以为耻。"李因此而请白石到家中作画，热情款待，谈诗论画，二人交上了朋友。这样的狂士，能与白石交朋友，一方面是由于白石优秀的才能，另外重要的一点是有王湘绮等人的大力举荐。

是年底，白石祖母故去。

注释：

[1] [2] [9] [15] [16] [23] [24] [25] [27] [32] [33] [34] [36] [37] [40] [42] [43] [48]《白石老人自述》第 34 页、第 36～37 页、第 38 页、第 39 页、第 40 页、第 42 页、第 42 页、第 43 页、第 44 页、第 45 页、第 45～46 页、第 46～47 页、第 47～48 页、第 48 页、第 50 页、第 51～52 页、第 52 页、第 52 页。

[3] 宗白华《美学散步》。

[4] [11] [12] [13] [14] [17] [18] [26] [28] [29] [30] [31] [35] [38] [39] [44] [45] [47] [49]《齐白石谈艺录》第 8 页、第 15 页、第 4 页、第 1 页、第 1 页、第 4.页、第 88 页、第 96 页、第 33 页、第 4 页、第 7 页、第 5 页、第 33 页、第 3～4 页、第 27～28 页、第 82 页、第 83 页、第 60 页、第 40 页。

[5] 北宋·郭若虚《图画见闻志卷一·论气韵非师》。

[6] 清·王昱《东庄论画》。

[7] 明·李晔《墨君题跋》。

[8] 清·方享咸语，见清·周亮工《读画录》。

[10] 唐·张彦远《历代名画记》。

[19]《太平御览》卷七百五十一，引自《历代名画记》。

[20] 唐·张彦远《历代名画记卷一·叙画之源流》。

[21] 北宋·郭若虚《图画见闻志卷一·叙自古规鉴》。

[22]《文选》卷十九，曹植《洛神赋》。

[41] 转引自易恕孜《白石老人生平略记》。

[46] 转引自黎远涵《齐白石晶莹瑰丽的艺术生涯》。

第四章　文人画家

五次出游

1902年（光绪二十八年），齐白石40岁。四月初四，春君又生一子，这是齐白石的第三个儿子，取名良琨，号子如。

1902年以前，齐白石的足迹不出湖南，“没有出过远门，来来往往，都在湘潭附近各地，而且到了一地，也不过稍稍勾留，少则十天半月，至多三五个月。得到一点润笔的钱，就拿回家去，奉养老亲，抚育妻子。”[1]他并没有任何奢望，不图发财，只求能养活一家老小，能过上温饱的生活。

唐代大诗人杜甫在《奉赠韦左丞二十二韵》中云：“读书破万卷，下笔如有神”；清人梁绍壬在《两般秋雨庵随笔》卷五中又提到“读万卷书，行万里路”，意思都在于强调读书、行路对丰富一个人的修养的重要性，而这对于一个艺术家来说是有无建树的关键。明人董其昌在谈到绘画的气韵时更直截了当：“画家六法，一气韵生活。气韵不可学，此生而知之，自然天授。然也有学得处，读万卷书，行万里路，胸中脱去尘浊，自然丘壑内营，成立鄞鄂，随手写出，皆为山水传神矣。”[2]

读万卷书，一直是白石努力的目标。多少年来，他孜孜不倦，每日不辍，以增加自己的书本知识，并且取得了成绩，诗、文均形成了清新、质朴的风格。但行万里路他却从没有过，也未作远游之想。

1902年秋天，齐白石收到了一封夏午诒寄自西安的信。夏午诒此时已由翰林改官陕西，想请齐白石教他的夫人姚无双学画，于是就给齐白石寄来了束脩和旅费。从没出过远门的齐白石想到两千里路，又要远离亲人，有些犹豫。不久，他又接到了郭葆生从西安发来的信。信中说：

> 无论作诗作文，或作画刻印，均须于游历中求进境。作画尤应多游历，实地观察，方能得其中之真谛。古人云，得江山之助，即此意也。作画但知临摹前人名作、或画册画谱之类，已落下乘，倘复仅凭耳食，随意点缀，则隔鞋搔痒，更见其百无一是矣。只能常作远游，眼界既广阔，心境亦舒展，辅以颖敏之天资，深邃之学力，其所造就，将无涯矣，较之株守家园，故步自封者，诚不可以道里计也。关中夙号天险，山川雄奇，收之笔底，定多杰作。兄仰事俯蓄，固知惮于旅寄，然为画境进益起见，西安之行，殊不可少，尚望早日命驾，毋劳踌躇！[3]

这封道理明白、情真意切的信说服了齐白石。经过一段时间的准备，10月初，齐白石告别了亲人，踏上了北去的旅途。

当时交通还很不方便，很多地方得靠两条腿走。从家乡到西安两千里的路程，白石足足走了两个月。旅途虽很辛苦，但白石趁此机会，游览了沿途的名胜，每逢看到奇妙景物，就挥笔画上一幅。

北宋名画家范宽，是水山画方面贡献极大的巨匠。他早期山水画师法荆浩、李成，虽得精神，但总感到“尚出其下”，不能脱出前人窠臼，后来领悟到“前人之法，未尝不近取诸物，吾与其师于人者，未若师诸物也；吾与其师诸物者，未若师诸心”的真谛，于是深入到关陕自然山水之中，卜居于终南太华诸山，朝夕体察“云烟惨淡风月难霁之状”，“虽雪月之际，必徘徊凝贤”，观察酝酿，对山水形象有深厚的了解和感受。因此他的山水画体貌，师前人而不同于前人，独成一家之体。这也就是“外师造化”在绘画中的体现。

以前齐白石画山水树人，均以古人为师。饱览大自然的美景，看到大自然的鬼斧神功的杰作，他才明白前人的画谱，造意布局以及山石的皴法，都是有现实根据的。

在湖南境内，行至洞庭湖畔，他深深为日出的美景所感动。洞庭湖在湖南省北部，北连长江，南接湘、资、沅、澧四水。面积2820平方公里，号称“八百里洞庭”，是中国第二大淡水湖。素有“鱼米之乡”的誉称。《湘妃庙纪略》云：“洞庭盖神仙洞府之意”。屈原名作《离骚》中有“洞庭波兮木叶下”之句，可知战国时已有洞庭之称。洞庭湖烟波浩森，港叉纵横，渚清沙白，芳草如茵，千百年的名胜岳阳楼、慈氏塔、鲁肃墓、二妃墓、君山、柳毅井等散布在湖畔，泛舟湖上可饱览“衔远山，吞长江，浩浩荡荡，横无际涯；朝晖夕阴，气象万千”的湖光景象，举目东望，岳阳楼掩映在绿树浓荫之中，金碧辉煌，光艳夺目；回首西眺，秀丽的君山在万顷银波中若沉若浮；乘舟南去，极目潇湘，天水一色。白石对此美景，心旷神怡，挥笔画下了《洞庭看日》图。

再向北进，行近西安，齐白石画下了《灞桥风雪图》。灞桥在西安东10公里，横跨在灞水上，是历史上一座富有诗意的古桥。早在秦穆公时，与东方诸侯争雄，改滋水为灞水，就修了桥梁。《史记》载，王翦伐荆，“始皇自送至灞上”，汉元年，“沛公至霸上”。可见，那时灞桥就是长安向东方出入的要道。隋开皇三年（公元583年），又在秦汉桥南里许修了南桥，后经历代重修，就是现在的灞桥。唐人送客多到灞桥，折柳赠别，至此黯然，故又名销魂桥。每当春夏之交，翠柳低垂，水花飞溅。冬天则雪霁风寒，沙明石露，故有“灞桥风雪”之称，列为关中八景之一。白石行至灞桥正值隆冬，风雪弥漫，一直生活在山清水秀环境中的白石，为灞桥这苍凉、悲壮的景致所撼动，故而成图。《洞庭看日》、《灞桥风雪图》均被白石视为得意之作而收入《借山吟馆图卷》之中。

齐白石的山水画，来自生活的实践感受。他的皴法，有时用披麻，有时用米点，视具体景物而定。他的画一扫清初四王“土馒头”的构图，虽是平凡的景物，经过画家经营位置，画面十分新鲜。如画旅行中印象的《日出图》，远景以大笔扫江面，一轮红日由东方升起，中景左边是一个绿岛，近景乃一叶孤帆，表现弥漫的晨雾、浩淼的江面，简单到了无以复加的程度。如果不是来源于生活和画家的艺术素养，是达不到这样高的艺术效果的。他画的“滕王阁”，近景是房屋与楼阁的顶部，中景是树林，远景是大山。这在今天，也是现代摄影的好镜头。

12月中旬，齐白石到了西安，住在夏午诒家中，教姚无双作画。郭葆生、张仲飏当时都在西安。好友们聚在一起谈诗作画，好不热闹。西安是个古都，有无数胜景。白石游大雁塔后，题诗曰：

长安城外柳丝丝，
雁塔曾经春社时；
无意姓名题上塔，

至今人不识阿芝。

转眼春节在际，夏午诒介绍齐白石去见陕西臬台樊樊山。樊樊山乃当时名士，是闻名大江南北的诗人。他字嘉父，号云门，一号樊山，湖北恩施人，光绪进士。白石精心刻了几方印章，带去见他。初去时因不知衙门的规矩，没给门人递“门包”，被门人挡了回来，白跑了一趟。事后夏午诒专门拜访臬台，樊樊山对门人进行了交待，白石再访才得以谋面。樊樊山非常欣赏齐白石的印，送 50 两银子作为润资，又挥笔替白石订了一张刻印的润例：

常用名印，每字三金，石广以汉尺为度，石大照加。石小二分，字若黍粒，每字十金。樊增祥。

西安有许多湖南同乡，见臬台这样赏识齐白石，便纷纷劝他借机会谋个职位。连张仲飏也认为，机会不可错过，应该直接走臬台的门路，谋个好差事。这引起了齐白石的反感，他以为：

一个人要是利欲熏心，见缝就钻，就算钻出了名堂，这个人的人品，也就可想而知了。因此，仲飏劝我积极谋营，我反而劝他悬崖勒马。仲飏这样一个热中功名的人，当然不会受我劝的，但是像我这样一个淡于名利的人，当然也不会听他的话。[4]

因为这件事，齐白石和张仲飏有了点隔阂，从此齐白石的心里话也不再向对方诉说。

1903 年，齐白石 41 岁。到 3 月，白石已在西安住了 3 个多月，因夏午诒要进京谋求差事，邀请齐白石同行。临行前，樊樊山告诉齐白石，5 月中旬他也将进京，并且要给齐白石在宫中谋个六七品的官做。当时的清廷，慈禧太后把持大权。她很喜欢绘画，她的字、画多出自供职宫廷的女画家、书法家缪嘉蕙之手。缪嘉蕙字素筠，云南人，嫁陈氏，不久孀居。工书法，篆隶行楷均有根底，是清末有名的女书法家，兼善绘画。光绪时入宫供奉绘事，深得慈禧太后的宠信，内监都称其为“缪先生”。相传慈禧署名之字或画，均由她代笔。

樊樊山出于对齐白石绘画、篆刻的喜爱，想在慈禧太后面前推荐他。白石自认为不合适进宫。

我是没有见过世面的人，叫我去当宫廷供奉，怎么能行呢？我没有别的打算，只想卖卖画，刻刻印章，凭着这一双劳苦的手，积蓄得三二千两银子，带回家去，够我一生吃喝，也就心满意足了。[5]

夏午诒也对齐白石说："京城里遍地是银子，有本领的人，俯拾即是，三二千银子，算得了什么！濒生当了内廷供奉，在外头照常可以卖画刻印，还怕不够你一生吃喝吗?"[6]

齐白石"平生以见贵人为苦事"，对樊樊山、夏午诒这些话语，只好默然听之，无言以对。

3月初，齐白石同夏午诒一家动身进京。从西安出发，数十里的路上，桃花盛开，一片桃红柳绿，风景优美，令人心醉。到达华阴县，登万岁楼，饱览华山雄姿。

华山又称西岳，在陕西省华阴县的城南，海拔2200米，北瞰黄河，南连秦岭。《水经注》说它"远而望之若花状"，因名之曰华山。又其西临少华山，故称太华。华山以"奇拔峻秀"冠天下。主峰为落雁、朝阳、莲花三峰，还有玉女峰、王云峰、云台峰等。华山名胜很多，自山麓至绝顶，庙宇古迹，天然奇景，处处可见。历代文人学者的歌咏、记述，以及史话和民间传说故事，传诵颇广。山上各处的楼台、岩洞，多依山势建筑，如凌空架设的长空栈、悬岩镌刻的全真岩、三面临空上凸下凹的鹞子翻身，以及在峭壁悬崖上开凿出的千尺幢、百尺峡、老君犁沟、擦耳崖、上天梯、苍龙岭等险道，更是惊险万分。自古有不少文人墨客登临太华览胜。明代的画家王履游华山，深为其雄奇景色感动，神会心得，以纸墨相随，遇胜则貌，画了许多幅写生，回到家中仍念念不忘，经过精心构思，创作《华山图》47幅，并自作记、诗、序和叙，合成一册，共65帧。谭树桐先生认为历代图写华山雄姿"夺得其神骨的，宋称范宽，明推王履"。齐白石心仪华山已久，今登山览胜，为气象万千的华山雄姿折服，晚归而画《华山图》，并题诗曰：

仙人见我手曾摇，
怪我尘情尚未消；
马上惯为山写照，
三峰如削笔如刀。

所画华山山势陡立，如斧砍刀削一般。后又画华山图题诗赠胡沁园，诗曰：

看山须上最高楼，
胜地曾经且莫愁。
碑底大残存五岳，
树名人识过青牛。
日晴合掌输山色，
云近黄河学水流。
归卧南衡对图画，
刊文还笑梦中游。[7]

他们渡过黄河，到达弘农涧地方，远眺嵩山，另觉一番奇景。

嵩山属于伏牛山脉，其主体在河南封县西北，由海拔1440米的太室山和1405米的少室山组成，东西绵延约60余公里。古称外方，夏禹时称嵩高、崇山，商汤时称嵩高，西周时称岳山，东周时定嵩高山为中岳，五代以后称中岳嵩山，与泰山、华山、恒山、衡山合称五岳。这里山峦起伏，峻峰奇异。历史上根据坐落方位、形状外貌、名人遗迹等的不同，将其分为太阳、少阳、明月、玉柱、万岁、凤凰、悬练、卧龙、玉镜、青童、黄盖、狮子、鸡鸣、松涛等七十二峰。嵩顶又名峻极峰，是中岳嵩山的最高峰，古时便有“嵩高峻极”、“峻极于天”的说法。站立峰顶极目远眺，北望黄河，明灭一线，鸟瞰山麓，名胜古迹星罗棋布。著名胜迹有北魏嵩岳寺塔、汉代嵩山三阙、元代观星台、少林寺、中岳庙、会善寺、嵩阳书院、石淙河摩崖题记等，均为游览胜景。

齐白石向租住的旅店借了一张小桌子放在涧边，临水画出《嵩山图》，得雄峻苍郁之气。后又题诗：

看山时节未萧条，
山脚横霞工绛桃。
二十年前游兴好，
宏农涧外画嵩高。[8]

继续北行，白石来到流经河南、河北两省边境的漳河边。在河边行走，他看见水里有一块长方形的石头，看似很光滑，于是想取来磨刻字刀。不想拾起来仔细一看，却是块汉石砖，是铜雀台的遗物。无意间竟拾到了一块稀世珍品，真是喜出望外。遗憾的是十多年后，在湘潭家乡的兵乱中，这块汉石砖被土匪抢去了。

到了京城，齐白石住在宣武门外北半截胡同夏午诒家。每日除教姚无双学画以外，经朋友介绍，卖画刻印章。闲暇之时，便去逛琉璃厂看古玩字画，还到大栅栏一带去听戏。在京的一段时间，齐白石结识了许多新朋友，其中有后来成为知交的衡阳人曾熙。曾熙号农髯，齐白石与他的结识还有一段趣事：

初认识曾农髯时，误会他是个势利人，嘱咐午诒家的门房，待他来时，说我有病，不能会客。他来过几次，都没见着。一次他又来了，不待通报，直闯进来，连声说："我已经进来，你还能不见我吗？"我无法再躲，只得延见。农髯是个风雅饱学之士，后来跟我交得很好，当初我错看了他，实在抱歉之极。[9]

在京期间，齐白石还和王湘绮的另一个得意门生杨度结识。

杨度，号皙子，湘南湘潭人，生于1874年，曾拜王湘绮门下，后留学日本。1902年（光绪二十八年）与杨笃生等创刊《游学译编》，后为清政府出洋考察宪政的王大臣起草报告，任宪政编查馆提调。1907年主编《中国新报》，主张实行君主立宪，要求清政府召开国会。辛亥革命爆发后，受袁世凯指使，与汪精卫组织国事共济会。1914年袁世凯解散国会后任参政院参政，次年联络孙毓筠、严夏等组成筹安全，策划恢复帝制。袁死后被通辑。后倾向革命，1927年李大钊被军阀张作霖逮捕前后，他曾多方营救。晚年移居上海，参加中国互济会及其他进步团体。1929年秋加入中国共产党，在白色恐怖下坚持党的工作。

此时杨度正在京城活动。3月30日，杨度与夏午诒发起陶然亭饯春活动。为此齐白石挥笔画下一幅《陶然亭饯春图》。

转眼到了5月，听说樊樊山已从西安启程，不日即可抵京。白石怕樊樊山来京后推荐自己去当内廷供奉，少不得添出许多麻烦，于是决定离京回乡。夏午诒再三挽留不得，对齐白石说："既然留你不得，我也只好随你的便！我想，给你捐个县丞，指省江西，你到南昌去候补，好不好呢？县丞虽是微秩，究属朝廷命官，慢慢地磨上了资格，将来署县缺，是并不难的。况且我是要到江西去的，替你打点打点，多少总有点照应。"齐白石毫不犹豫地拒绝了夏午诒的好意："我哪里会做官，你的盛意，我只好心领而已。我如果真到官场里去混，那我简直是受罪了！"[10]夏午诒无奈，不再勉强白石，把捐县丞的钱送给了白石。这样再加上在西安、北京卖画刻印的润资，此行白石得银2000余两。白石出京后不久，樊樊山就到了京城，得知齐白石已离去，颇觉遗憾，感叹道:“齐山人志行很高，性情却有点孤僻啊!”[11]

临行之时，齐白石在李玉田笔铺，定制了60枝画笔，每枝笔上面，依次刻上号码，刻的字是:“白石先生画笔第几号”，这是仿清代大画家金冬心称自己先生的做法。

齐白石出京城，绕道天津坐海轮，过黑水洋，到上海，再坐江轮，转汉口，回到家乡。这是齐白石五出五归的第一次。

回乡后，齐白石承典了梅公祠的房子和祭田，又恢复了往日的生活，和旧日师友常晤叙，作画吟诗刻印章，是每天的日课。

1904年(清光绪三十年)，齐白石42岁。王湘绮约齐白石和张仲飏同游南昌。途经九江，游了庐山。

庐山又名匡山或匡庐，在江西九江市南，飞峙长江边，紧傍鄱阳湖。相传周朝有匡氏七兄弟上山修道，草庐为舍，故名。有“匡庐奇秀甲天下山”之称。长约25公里，宽约10公里，略呈椭圆形。最高的汉阳峰海拔1474米，云中山城——牯岭镇，海拔1167米。庐山为地垒式断块山，多险绝胜景，匡庐瀑布更是名传天下。其中仙人洞石松横空，五老峰山姿奇特，龙首崖苍龙昂首，含鄱口势含鄱湖，大天池霞落云飞，白鹿洞四山回合，玉渊潭惊波奇流，秀峰碑刻如林，四季风景如画。庐山云雾缥缈，年平均雾日约为190天，峰奇山秀，自古有名，《史记》上就有记载。据传夏禹王疏九江，秦始皇南巡，都登过庐山。东汉明帝时，庐山成为中国佛教中心之一，有三大名寺(西林、东林、大林)、五大丛林(海会、秀峰、万杉、栖贤、归宗)。历代诗人墨客慕名前来，陶渊明、李白、杜甫、白居易、苏轼、陆游、范仲淹等纷纷赋诗填词，留下了脍炙人口的诗句。白居易曾漫步花径即兴赋诗:“人间四月芳菲尽，山寺桃花始盛开;长恨春归无觅处，不知转入此中来。”李白游香炉瀑布也诗云:“日照香炉生紫烟，遥看瀑布挂前川;飞流直下三千尺，疑是银河落九天。”

游历名山大川，对于开阔画家的心胸，陶冶画家的情操起了极好的作用。古人云:“绘事必须多读书，读书多，见古今事变多，不狃狭劣见闻，自然胸次廓彻，山川灵奇，透入性地时一洒落，何患不臻妙境?”[12]然仅读万卷书是不足以称大家的，还需行万里路，深入生活，积累素材，开阔胸襟，画出的画方能传神。石涛曾说:“山水真趣，须是，入野看山时见他”，作画需“搜尽奇峰打草稿”[13]。游名山开阔了齐白石的视野，增长了他的见识，这在他以后的绘画中有深刻的体现。

齐白石游过庐山，到了南昌，住在王湘绮家中。王湘绮当时还有一个门生，铜匠出身的曾招吉。曾招吉亦很有个性，在南昌制造空运大气球，实验几次均落入水中，未能成功，一时成为人们的笑谈。但他毫不气馁，仍是一心一意的研究。铜匠出身的曾招吉、木匠出身的齐白石、铁匠出身的张仲飏被人们称为“王门三匠”。

在南昌居住的日子里，齐白石常去游滕王阁、百花洲等名胜。

> 七夕那天，湘绮师在寓所，招集我们一起饮酒，并赐食石榴。席间，湘绮师说：“南昌自曾文正公世后，文风停顿了好久，今天是七夕良辰，不可无诗，我们来联句吧！”他自己首唱了两句：“地灵胜江汇，星聚及秋期”。我们三个人听了，都没有联上，大家互相看着，觉得很不体面。好在湘绮师是知道我们底细的，看我们谁都联不上，也就罢了。[14]

这件事对齐白石触动较大，觉得诗是一门工夫，倘不多读点书，打好根基，实在是难有成绩的，自己虽也会几句平平仄仄，但距离诗人还差得很远。因此八月十五日中秋节回到家乡，他便把借山吟馆的“吟”字删去，更名为“借山馆”了。

这是齐白石五出五归的第二次。其间，王湘绮为齐白石的印章拓本做了序文。

1905年（光绪三十一年），齐白石43岁。7月中旬，广西提学使汪颂年约齐白石游桂林，白石欣然前往。汪颂年名诒书，湖南长沙人，翰林出身。

广西的山水天下著名。一进广西境内，奇峰峻岭，令人目不暇接，让齐白石大开了眼界。尤其是富有“甲天下”之称的桂林山水，给齐白石留下了难以忘怀的印象。他晚年与胡佩衡论画时曾说：

> 我在壮年时代游览过许多名胜，桂林一带山水，形势陡峭，我最喜欢。……我以为，桂林山水既雄壮又秀丽，称得起“桂林山水甲天下”。所以，我生平喜画桂林一带风景，奇峰高耸，平滩捕鱼，即或画些山居图等，也都是在漓江边所见到的。[15]

齐白石在92岁高龄时，还曾为老舍先生画桂林山水，名之为《雨耕图》。

只是桂林的气候使齐白石略感不适。桂林的气候，“倏忽多变，炎凉冷暖捉摸不定，出去游览，必须把棉夹单三类衣服，带个齐全，才能应付天气的变化。”齐白石曾做小诗述当日情景：

广西时候不相侔，
自打衣包作小游，
一日扁舟过阳朔，
南风轻葛北风裘。

齐白石在桂林，以卖画刻印为生。他挂出樊樊山给他写的润格，慕名而来的人很多。

时逢蔡锷在桂林创办巡警学堂，想请齐白石去任教，托人来说：“巡警堂的学生，每逢星期日放假，常到外边去闹事，想请你在星期日那天，去教学生们作画，每日送薪资三十两银子”。齐白石回绝了：“学生在外边会闹事，在里头也会闹事，万一闹出轰教员的事，把我轰了出来，颜面何在，还是不去的好。”虽然待遇丰厚，但齐白石坚辞不受，他顾及面子。

蔡锷是近代著名的军事家，湖南邵阳人，字松坡，1898 年入长沙时务学堂，从梁启超学习 。1900 年他参加自立军起兵，失败后留学日本士官学校。1904 年归国，在江西、湖南、广西、云南训练新军，1911 年（宣统三年）擢云南新军协统。武昌起义爆发后，他与云南讲武堂总办李根源在昆明举兵响应，建立军政府，任云南都督。1913 年蔡锷被袁世凯调至北京暗加监视。1915 年他与梁启超策划反袁，潜出北京，12 月在云南组织护国军起兵讨袁。袁死后任四川督军兼省长，因病赴日本就医，不治逝世。蔡锷求白石教学生不得，继而自己想拜白石为师，也被白石婉拒。皆因白石不愿与官交往。

在桂林，齐白石还意外地结识了革命党人黄兴。当时黄兴化名张中正，人称张和尚，曾以 20 块银元请白石画四条屏，黄很欣赏白石，得知白石要返乡，还特意骑马相送出城。到民国初年，白石才知道张和尚就是鼎鼎有名的黄兴、黄克强。

1906 年（光绪三十二年），齐白石 44 岁，在桂林已渡过了半年多的刻印卖画生活，得益颇多。春节过后，白石准备启程回乡。临行前收到父亲来信，说白石的四弟纯培、长子良元已从军到广东，家里不放心，让白石前往探望。于是白石取道梧州，到达广州，住在祇园寺庙内，几经周折才探得纯培、良元跟了郭葆生到钦州去了。郭葆生此时已放了钦廉兵备道。纯培和良元是郭葆生叫去从军的，怕家里不放远行，瞒了家人偷偷到广东的。齐白赶到钦州，兄弟、父子又团聚了。

齐白石的到来，令郭葆生很高兴。郭也能画几笔花鸟，虽画得不太好，但由于做了官，求他的画的人很多。他又是个极好名的人，于是就请白石代为捉刀，送了白石不少润资。白石还兼教其如夫人学画。白石也从中获益不浅，把郭葆生收藏的八大山人、徐青藤、金冬心等人的真迹，认真临摹了一遍。及至秋天，齐白石与郭葆生订了后约，独自返回了家乡。这是他五出五归中的第三次。

这一年的9月21日，是齐白石永远忘不了的一天，把齐白石视若亲子的周之美师傅辞世了。闻知此凶讯，白石赶到师傅家大哭了一场。周之美师傅无私地把自己的雕花绝技全套教给了白石，为白石的成长竭尽了自己的心智，白石怎么能不伤心呢？遂作《大匠墓志》悼念他。

梅公祠的房屋和祠堂的祭田典期将满，白石另买了一所破旧房屋和20亩水田。这处房子位于馀霞峰脚下的茶恩寺茹家冲地方。

> 茹家冲在白石铺的南面，相隔二十来里。西北到晓霞山，也不过三十来里。东西是枫树坳，坳上有大枫树百十来棵，都是几百年前遗留下来的。西北是老坝，又名老溪，是条小河，岸的两边，古松很多。我们房屋的前面和旁边，各有一口水井，井边种了不少竹子，房前的井，名叫墨井。这一带在四山围拘之中，风景很是优美。[16]

齐白石把破旧的房屋翻盖一新，取名为“寄萍堂”。在堂内又造了一书室，取名为“八砚楼”。名虽为楼，实际并非楼房，题此名是因室中摆放了齐白石远游时收集来的8块砚石。这座房子是依齐白石画的图样盖的，他还自己动手把旧式窗户改用12块活页木板连成一片，每3寸宽置一块，上下安于窗户另一横木小孔内，可以自由推动，按时遮住反射的阳光。还在前后窗户上安装了从上海带回来的细铁丝纱，齐白石称之为“碧纱厨”。齐白石又砍竹为枧，将清新的山泉由枧内引入厨房水缸，人家都称它为乡下的“自来水”。房屋里外，都抹成蓝白上下两层，醒目清洁。11月，白石便同春君带着儿女们搬到了茹家冲新宅。

十二月初七日，齐白石得长孙，取名秉灵，号近衡。因其生时搬进新宅不到一月，故又取名移孙。

1907年（光绪三十三年），齐白石45岁。春节刚过，他便践上年之约，坐轿到广西梧州，再坐轮船转海道到了钦州郭葆生处。后忆此游，写《木棉诗》：

看山曾作天涯客，
记得旧家二月期。
游遍鼎湖山下路，
木棉十里子规啼。[17]

《鸡岩飞瀑》诗：

造化可夺理难说，
何处奔原到石巅；
疑是银河通世界，
鼎湖山顶看飞泉。[18]

这次出游，齐白石随郭葆生前往肇庆，游鼎湖山，观飞泉潭。又往高要县，游端溪，谒包公祠。因钦州辖界与越南接壤，白石趁便又游览了越南山水。路边数百株野芭蕉映得满天都成了绿色，齐白石心有所感，画成“绿天过客图”，后收入“借山图卷”之内。

回到钦州，正值荔枝成熟时节，沿路的荔枝树上果实累累，鲜红亮泽，从此齐白石便把荔枝入画了。许多人拿了鲜荔枝来换白石画的荔枝，这倒也可以称作一桩雅事。

冬天来临，在外一年的齐白石起了游子之思，于是踏上归途。到家已是腊鼓频催的时节了。这是齐白石五出五归中的第四次。

1908年（光绪三十四年），齐白石46岁。白石青年时的好友罗醒吾在广东提学使衙门任事，约他前往广州一游。齐白石于2月到了广州，并且住了下来，以卖画刻印为生。当时人们的审美趣味仍是欣赏“清初四王”的风格，很少有人能接受有创新的画家，因此齐白石富有“民间味”的画并不太受时人的喜爱，求画的人很少。但人们对白石的印法却很夸赞，每日总有十来起求印的。齐白石对一切新鲜的事物都怀有一颗艺术家特有的好奇心。他在广州大街漫游的时候，看见有人骑自行车，于是也想试试，骑了几次都没骑好。他的好朋友便笑他说：“齐山人，这玩艺儿不是你干的，走吧！”齐白石说：“为什么不行？我不信，一定要学会”。临行从广州买了辆自行车带回老家，终于让他学会了，并能在乡村的小路上骑行自如。有一次骑车时，被狗追赶，摔倒在水田中，他才把车卖掉。

罗醒吾与齐白石同是龙山诗社七子之一，到广州后，罗醒吾参加了孙中山领导的同盟会，在广州做秘密的革命工作。好朋友相见无话不谈。齐白石回忆这段经历时说：

> 此番在广州见面，他悄悄地把革命党的内容，和他工作的状况，告诉了我，并要我帮他做点事，替他们传递文件。我想，这倒不是难办的事，只须机警地不露破绽，不会发生什么问题，当下也就答应了。从此，革命党的秘密文件，需要传递，醒吾都交我去办理。我是假借卖画的名义，把文件夹杂在画件之内，传递得十分稳妥。好在这样的传递，每月并没有多少次，所以始终没露痕迹。[19]

秋天，齐白石接到父亲的来信，回家小住后，往钦州接四弟纯培和长子良元。他在广州过了年，正月到钦州，在郭葆生处住过了夏天，才同四弟及长子离开。“经广州往香港，到了香港，换乘海轮，直达上海。住了几天，正值中秋佳节，就携同纯培和良元，坐火车往苏州，乘夜去游虎丘。第二天，我们到了南京，我想去见李梅庵，他往上海去了，没有见着。梅庵名瑞清，筠庵的哥哥，是当时的一位有名书法家。我刻了几方印章，留在他家。在南京，匆匆逛了几处名胜，就坐江轮西行，路过江西小姑山，在轮中画了一个小姑山图，收入我的《借山图卷》之内”。9 月返回家中。这是齐白石五出五归的最后一次。

像齐白石这样出自清贫，靠自己的勤奋和机遇慢慢成为专业画家，确实是件很不容易的事。40 岁前，他没有离开家乡一步，只懂得“在家千日好，出外一时难”，无论在眼界上，还是在学习上都受时空的局限，还只是个手艺高超的纯粹的民间艺人。40 岁，在一般的画家，应当已是风格比较确定的年龄。而齐白石，以他的艺术生涯来看，似乎还处在摸索阶段。但当时齐白石并没有完全认识到自己的这些不足，他是在朋友的再三催促下才踏上远行之路的。1902 年远去西安，无论如何都算得上一个转折点，从此开始了五出五归的游历。在远游中他广交朋友，既领略了祖国河山的美好风光，又受到许多饱学之士的启发，使他见识加广，信心倍增，自幼学习民间工艺的艺术形式开始了突变的倾向。在旅行中，真实山川的磅礴景象，也使他敢于冲破画稿形式的拘泥，有了开创新局面的“野心”。齐白石 40 岁以前纯粹民间艺术的时期结束了，开始了他第二阶段的艺术生涯。这第二阶段，他是以文人画家出现的。齐白石在自述中也云：

光绪三十一年（乙巳、一九0五年），我四十三岁。在黎薇荪家里，见到赵之谦的《二金蝶堂印谱》，借了来，用朱笔钩出，倒和原来一点没有走样。从此，我刻印章，就摹仿赵㧑叔的一体了。我作画，本是画工笔的，到了西安以后，渐渐改用大写意笔法。以前我写字，是学何子贞的，在北京遇到了李筠庵，跟他学写魏碑，他叫我临爨龙颜碑，我一直写到现在。人家说我出了两次远门，作画写字刻印章，都变了样啦，这确是我改变作风的一大枢纽。[20]

这时白石刻印的刀法，有了变化。他最早学丁龙泓、黄小松，及《二金蝶堂印谱》，把汉印的风格，融会到赵㧑叔体内，古朴而耐人寻味。他曾云："予之刻印，少时即刻意古人篆法，然后追求刻字之解义，不为'摹'、'作'、'削'三字所害，虚掷精神。人誉之，一笑，人骂之，一笑。"[21]

赵㧑叔，清代书法家、画家、篆刻家，名之谦，字益甫，浙江绍兴人。幼喜写字，读书过目成诵。曾以书画为生，又为塾师。31岁恩科乡试第三名，后至北京三次参加会试，均未中进士。在京与胡澍、沈树镛、魏锡曾共同研讨考证金石文字。44岁时，担任《江西通志》总编。后任鄱阳、奉新、南城知县，卒于任所。著有《悲盦居士文賸》、《悲盦居士诗賸》、《勇庐闲话》、《补寰宇访碑录》、《六朝别字记》。所作印有《二金蝶堂印谱》，并自校编刻《仰视千七百二十九鹤斋丛书》。

赵之谦的画颇有成就。他能画人物、山水，尤善绘花卉。早年笔致工丽，后来受徐渭、八大山人和"扬州八怪"的影响，纵笔泼墨，而色彩浓艳，风格清新。他还能熟练地运用书法于绘画，画趣淋漓痛快、生动自然，对后来的画家任颐、吴昌硕有一定的影响和启发。

赵之谦的书法，早期学颜真卿，后又取法六朝碑刻，对《张猛龙碑》、《郑文公碑》、《龙门造像》、《石门铭》等十分推崇。他的楷书将北魏碑刻、墓志写得婉转圆通，自成一格，被称为"魏底颜面"。他的篆书受到邓石如的影响，但能掺以北魏书法的笔意，颇具姿态，并以北魏体势作行草书。

在篆刻上，赵之谦尤其能称之为大家。他的篆刻初摹浙派，后追皖派，以诏版、汉镜文、钱币文、瓦当文、封泥等入印，独树一帜，给篆刻艺术开创了"印外求印"的广阔道路。他刻印取材广泛，意境清新，在章法上善于取势，有的婀娜多姿，有的端庄匀称。赵之谦对印章的边款亦有新的创造。他的边跋，风神卓荦，气象万千。他还开创了阳文款识，有的刻画像，书、画、刻相辅相成，别具意境。

齐白石学赵之谦而进境颇佳。王湘绮也让齐白石刻了几方印章，很是欣赏。茶陵州的谭氏兄弟，10年前听信丁拔贡的话，把齐白石刻的印章磨平了。现在他们自己也懂些刻印的门径，知道丁拔贡之语并不可信，于是把从前要刻的收藏印记，请齐白石重刻。一时间，齐白石的印名传遍湖南地方，求白石刻印的人络绎不绝。世态炎凉，恍若隔世，齐白石异常感慨，“姓名人识鬓成丝”啊！

五次游历归家后，齐白石自觉书底子很差，于是发愤苦读，天天读古文诗词，以加强自己的诗文修养。

> 身行半天下，虽诗境扩，益知作诗之难。多行路，还须多读书。故造借山吟馆于南岳山下。熟读唐宋诗，不能一刻去手，如渴不能离饮，饥不能离食。[22]

《白石诗草二集》自序中谈及此事：

> 前清光绪壬寅，予年四十。友人相招，始远游。至宣统己酉，五出五归，行半天下，游兴尽矣。乃造借山吟馆于南岳山下，借补少小时旷废之功。青镫玉案，味似儿时，昼夜读书，刻不离手。如渴不离饮，饥不离食。[23]

> 有时和旧日诗友，分韵斗诗，刻烛联吟，往往一字未妥，删改再三，不肯苟且。[24]

齐白石也时刻不放松绘画。他把游历过程中所画的山水画稿，又重新画了一遍，编成《借山图卷》，一共52幅，并自记云：“吾有‘借山吟馆图’。凡天下之名山大川，目之所见者，或耳之所闻者，吾皆欲借之，所借之山非一处也。……皆中国风景，为山水所照”。《借山图卷》是齐白石山水画的代表作，曾受到陈师曾的高度评价，认为“与众不同，画格很高”。他的山水画都是根据自己的真实感受而作，画风简括雄健，是在传统写意山水与民间艺术基础上的发展。在1909年至1917年的不到10年里，仅速写和工笔画的毛边纸画稿，便数以千计。每纸画稿都不出一张信纸那么大，有的画几只虫，有的画几只鸟，有的是打乱了的花瓣，有的是折下来的树叶，但都凝结着画家的心血。经过近10年的刻苦磨炼，基本形成了他那明快而自然的独特画风。

出游归后，齐白石不再作远游之想，希望能终老家乡，对茹家冲新宅进行布置，自认为“奔波了半辈子，总算有了一个比较安逸的容身之所了。”他常亲携刀锯，带着儿孙，在屋后房前，种接花果，并开荒植树，杂以楠竹油茶，春秋花开，俨然一幅山水图画。1914 年，齐白石在馀霞峰山脚下的寄萍堂旁边，亲手种了 30 多株梨树。种时他想到宋代苏东坡在和朋友谈种梨树曾说的“太大则难活，小则老人不能待”，觉得自己年已五十有二，恐怕尝不到亲手种的梨子了。可是后来亲眼见到自己种的梨树结实，每个重达一斤，味甜如蜜，深感快慰，刻下“百树梨花主人”之印以记之。

1910 年（宣统二年），齐白石 48 岁。好朋友胡廉石把他自己住的石门附近的景色，请王仲言拟了 24 个题目，请白石画石门 24 景图。齐白石精心构思，几易其稿，费时 3 个多月才画成。胡廉石和王仲言都夸赞他远游归来，画境比从前扩展多了。

时值黎薇荪自四川辞官归来，在岳麓山下造了一所别墅，取名听叶庵，请齐白石去玩。于是齐白石又去了长沙，住在通泰街胡石庵的家里。当时王仲言在胡石庵家坐馆，胡沁园的长子胡仙甫也在长沙。黎薇荪是湖南高等学堂的监督，张仲飏做教务长。诸位好友长沙相聚，游山吟诗，刻印作画，好不快活。

1911 年（宣统三年）2 月，齐白石听说老师王湘绮来到了长沙，于是赶赴长沙，请王湘绮为祖母做一篇墓志铭（这篇墓志铭，后由齐白石亲自刻石成碑）。此时谭延闿又请齐白石到荷花池上，为他们的先人画像，也为其于前年 8 月去世的四弟组庚画一幅遗像。齐白石施展了自己的绝技，用细笔在纱衣里画出袍褂的团龙花纹，并在地毯右角，画上一方“湘潭齐璜濒生画像记”小印，这是他近年来为人画像的标识。

清明节刚过，王湘绮借瞿子玖家里的超览楼，招集友人宴饮，赏樱花海棠。他写信邀请齐白石，“借瞿协揆楼，约文人二三同集，请翩然一到”。到场的除瞿氏父子，还有谭祖同和金甸臣。瞿子玖是前协办大学士、军机大臣，席间作了一首樱花歌七古，王湘绮作了四首七律。宴后多日，齐白石补作了一首看海棠七言绝句：

往事平泉梦一场，
师恩深处最难忘；
三公楼上文人酒
带醉扶栏看海棠。

席间王湘绮又让齐白石作画：“濒生这几年，足迹半天下，好久没给同乡人作画了，今天的集会，可以画一幅超览楼禊集图啦！”齐白石虽口头答应了，但因不久返乡，此图一直没画。

1913年，齐白石51岁。9月，齐白石把卖画刻印多年的一点积蓄分给三个儿子，让他们自谋生活。他是想让儿子们独立生活，成家立业，自己学会挑起生活的重担。但谁承想这次分家却造成了齐白石的终生憾事。后来他回忆道：

那时，长子良元二十五岁，次子良黼年二十岁，三子良琨年十二岁。良琨年岁尚小，由春君留在身边，跟随我们夫妇度日。长次两子，虽仍住在一起，但各自分炊，独立门户。良元在外边做工，收入比较多些，糊口并不为难。良黼只靠打猎为生，天天愁穷。十月初一日得了病，初三日曳了一双破鞋，手里拿着火笼，还踱到我这边来，坐在柴灶前面，烤着松柴小火，向他母亲诉说窘况。当时我和春君，以为他是在父母面前撒娇，并不在意。不料才隔五天，到初八日死了，这真是意外的不幸。春君哭之甚恸，我也深悔不该急于分炊，致他忧愁而死。[25]

不幸的事似乎总是喜欢一起向人袭来。1914年4月，齐白石的六弟纯楚去世了，享年27岁。

不久，端阳节到了，齐白石派人去深望韶塘的胡沁园老师，不料恩师已去世7天了。得到这个消息，齐白石真是万箭穿心，说不出有多么痛苦。胡沁园不但是齐白石的恩师，也是他平生的第一知己，齐白石之所以能有成就，和胡沁园的倾力栽培是分不开的。如今一别千古，齐白石真不知如何才能表达出自己的满腔悲思。他认真画了二十几幅胡沁园生前喜爱的画，精心裱好，装在亲手糊扎的纸箱内，带到了胡沁园的灵前焚化。同时又作了七言绝诗14首，还做了一篇祭文，一副挽联。挽联曰：

衣钵信真传，三绝不愁知己少；

功名应无分，一生长笑折腰卑。

这既是悼恩师，也是写自己。

1915年冬天，不幸的消息又传来，王湘绮故去了，享年85岁。这对齐白石又是一次打击，他专程去哭奠了一场。

这一年还发生了另一件让齐白石终身难忘的扫兴而又气愤的事：

我作诗，向来是不求藻饰，自主性灵，尤其反对摹仿他人，学这学那，搔首弄姿。但这十年来，喜读宋人的诗，爱他们轻朗闲谈，和我的性情相近，有时偶用他们的格调，随便哼了几句。只因不是去摹仿，就没有去作全首的诗，所作的不过是断句、残联。日子多了，积累得有三百多句，不意在秋天，被人偷了去。我有诗道：

料汝他年夸好句，
老夫已死是非无。

作诗原是雅事，到了偷袭掠美的地步，也就未免雅得太俗了。[26]

结识陈师曾

1911年辛亥革命胜利后，建立了中华民国。但不久袁世凯篡夺革命领导权，破坏中华民国的《临时约法》及国会，扩大专制独裁权力，阴谋复辟帝制。1915年12月13日，袁世凯登上“中华帝国”皇帝的宝座。但是由于全国人民的一致声讨，袁世凯内外交困、众叛亲离，1916年3月12日被迫取消帝制，共做了83天皇帝，6月6日，在全国人民的唾骂声中死去。

袁世凯死后，黎元洪以副总统继任大总统，袁世凯所废除的《临时约法》和国会又被恢复起来。段祺瑞以内阁总理的身份掌握了北京政府的实际权力。袁世凯时期已经逐渐形成的各派系军阀势力，在反袁运动中都乘机扩大了自己的力量。中国出现了大小军阀割据的局面，英、美、日等帝国主义分别把这些军阀变成了自己的代理人，支持他们进行争夺战争，以便从中渔利。

黎元洪只是一个名义上的总统，从中央到地方的实权都掌握在大大小小的军阀手里。北洋军阀主要有三大派系：以段祺瑞（安徽合肥人）为首的皖系军阀，得到日本人的支持，掌握着北京政府的实权，控制安徽、浙江、福建、山东、陕西等省。以冯国璋（直隶河间人）为首的直系军阀，得到英、美帝国主义的支持，占有江苏、江西、湖北三省，这是长江流域的富庶地区。以张作霖（奉天海城人）为首的奉系军阀，受到日本人的支持，控制着东北三省。此外，还有军阀阎锡山，占有山西，定武军的张勋（得到俄、德、日帝国主义的支持，蓄意推翻民国，进行复辟。他和所率的定武军仍留着发辫，被称为“辫子军”）割据徐州，以唐继尧为首的滇系军阀，控制着云南、四川、贵州等省，以陆荣廷为首的桂系军阀，控制着广东、广西及湖南。他们各霸一方，各争雄长，祸国殃民。

各派军阀的矛盾和争夺，突出地反映在所谓的“府院之争”上。“府”是总统府，即以黎元洪为代表的亲英美集团；“院”是国务院，即以段祺瑞为代表的亲日集团。1917 年，第一次世界大战仍在进行，在是否对德参战的问题上，“府院之争”达到了高潮。段祺瑞在日本的支持下，主张参战，借以扩大自己的势力。美国为了扩大在中国的权力，指使黎元洪反对参战。段祺瑞企图用军警强迫国会通过参战提案，遭到国会的抵制，引起众怒，非皖系的阁员相继辞职。这时黎元洪在美国的支持下，将段祺瑞免职。于是，段返天津策划反黎，伺机再起，同时指使安徽、奉天、山东、福建等八省的军阀宣布独立，在天津设立独立各省的参谋部，准备进军北京。黎元洪孤立无援，邀请张勋调停。张勋认为机会来了，就以“调停”为名，带领 3000 名辫子兵入京。1917 年 7 月 1 日，由张勋、康有为等拥戴废帝溥仪重新登上皇帝的宝座，上演了一场复辟丑剧。

张勋复辟遭到全国人民的强烈反对。孙中山在上海发表《讨逆宣言》，坚决表示“誓不与共天日”。段祺瑞原本暗中支持张勋复辟，想借张勋来解散国会，赶黎元洪下台，由自己来享受一切成果。于是就借全国人民反复辟的声势组成“讨逆军”，向张勋进攻。7 月 12 日，张勋兵败，逃入外国使馆，溥仪再次宣布退位，上演了 12 天的复辟丑剧结束。

张勋复辟失败后，黎元洪宣布辞职，冯国璋继任大总统。段祺瑞以“再造共和”的英雄复任国务总理，操纵了北京政府的全部实权，更加肆无忌惮地放手卖国，进行独裁统治。

在外交方面，段祺瑞进一步投靠日本帝国主义。1917 年 8 月，段祺瑞政府对德宣战，并以参战练兵为名向日本借款 5 亿日元，作为扩充皖系势力、进行内战的军费。日本以这批借款为条件，攫取了东北和内蒙的铁路修筑权、森林和矿山开采权，并霸占德国在山东的一切特权。

在内政方面，段氏政府实行专制独裁，准备以武力消灭地方军阀。

段祺瑞赶走张勋后，孙中山要求他恢复《临时约法》，实行资产阶级的民主制度，因为《约法》和国会是共和国的象征。段祺瑞对这一要求根本不加理睬，于是孙中山举起维护《临时约法》的旗帜，提出打倒假共和、建立真共和的主张，号召军队倒戈讨逆。在孙中山的影响下，海军部分将领发表"拥护约法，恢复国会"的宣言，并率第一舰队南下护法。西南军阀为了对抗段祺瑞的武力吞并，也表示愿意同孙中山合作。1917 年 8 月，响应护法的旧国会议员 150 多人，在广州召开非常国会，成立护法军政府。9 月 1 日，非常国会选孙中山为军政府大元帅，唐继尧、陆荣廷为元帅，通电全国，宣布段祺瑞为民国叛逆，出师北伐，开始了护法战争。

护法战争实际上成了西南军阀与北洋军阀的地盘争夺战。北洋军阀内部直、皖两系也相互倾轧，各有打算。段祺瑞在日本的支持下，坚持用武力统一全国，命令冯国璋的军队到湖南打先锋，企图以此消耗双方兵力，坐收渔人之利。冯国璋在英美的支持下，打算勾结亲英美的西南军阀，排挤段祺瑞，夺取北京政权，因而打出了"和平统一"的旗号。直、皖两系斗争的结果，冯国璋占了上风，向南方提出议和。南方军政府内部各派军阀，本来就不是真要支持孙中山护法，参加护法只是为了向北京方面争权夺利。当他们和直系勾结起来，私利得到满足之后，就对孙中山进行打击和排挤。1918 年 5 月，他们操纵非常国会，修改军政府组织法，改大元帅制为总裁合议制。孙中山愤然辞去大元帅职务，离开广州去上海。护法运动失败了。

段祺瑞在"武力统一"失败后，又收买和拉拢了一批反动政客，拼凑了一个"安福国会"，利用冯国璋代理总统任期届满之机，在 1918 年 10 月，选举徐世昌为大总统，迫使冯国璋下野。在此以后，曹锟、吴佩孚成为直系军阀的新头目。军阀之间为了扩大势力范围，争夺中央政权，在帝国主义的操纵下，连年混战，中国人民遭受的灾难更加深重了。

辛亥革命以后，全国处在大小军阀的封建割据统治下，内战连年不休，战事遍及各省。四川一省从 1912 年到 1933 年共发生战争 400 次以上。遭受战祸地区的人民，生命财产遭到极残暴的蹂躏掠夺。1919 年初，全国军队达 138 万人，军费占去国家财政收入的 4/5。军阀又尽力搜刮财富，霸占土地。皖系军阀段芝贵在原籍合肥及芜湖等 4 县占有良田数万亩。河南彰德 1/3 的土地为袁世凯一家所有。东北军阀汤玉麟、吴俊升等各拥有良田八九万亩。张宗昌、靳云鹏、冯国璋、张作霖、梁启超等人，以裕宁屯垦无限公司名目在吉林省领有田地、森林、矿山达 1320 余万亩[27]。大量农民在地租、高利贷、捐税、战争和各种剥削掠夺之下，被迫流亡。农民暴动不断。

齐白石在自述中这样描述了当时湖南家乡的情况：

> 连年兵乱，常有军队过境，南北交哄，互相混战，附近土匪，乘机蜂起。官逼税捐，匪逼钱谷，稍有违拒，巨祸立至。没有一天，不是提心吊胆的苟全性命。[28]

齐白石五出五归后，就不打算再作远游，所以始终没有离开湖南省境。不料 1917 年春夏之际，湖南战事又起，乡里谣言不断，人心惶惶，凡是有碗饭吃的人，都纷纷到外地去避难。家人都劝齐白石也出去避一避。正在齐白石举棋不定、一筹莫展的时候，在京为官的樊樊山来信，劝齐白石到京城居住卖画。于是齐白石辞别了父母妻子，带着简单的行李，独自动身北上了。

农历五月十二日，齐白石抵达京城，这是他第二次来京，住在前门外西河沿排子胡同阜丰米局后院郭葆生家里。住下还不到 10 日，就发生了张勋复辟事件，京城人心浮动。于是郭葆生带着家眷，与齐白石同往天津租界避难。未几，张勋被赶出京城，齐白石又随郭葆生一家返回北京，仍住在葆生家。后来，齐白石搬到西砖胡同法源寺内居住。

安顿好住所，齐白石就在琉璃厂的南纸铺，挂起了卖画刻印的润格，开始了在京城的卖画生涯。也就是在这个时候，他结识了对他艺术生涯有重大影响的现代绘画史上的重要人物陈师曾。

陈师曾，生于 1876 年，名衡恪，以字行，号槐堂，又号朽道人，江西义宁（今修水县）人。祖父陈宝箴，清朝举人，官至湖南巡抚。父陈三立，号伯严，又号散原，清进士，著名诗人，曾任吏部主事，因参与 1898 年戊戌变法，与父同被革职，隐退自号神州袖手人。其弟陈寅恪是著名历史学家。

陈师曾自幼接受家庭教育，6 岁就开始学画，1890 年在长沙受到尹和伯的培养。1894 年在湖北从周大烈学文学，从范仲霖学魏碑汉隶。1898 年，考入南京江南陆师学堂附设矿路学堂学习，1900 年毕业后留校任陆师学堂总办。1901 年春来到上海，入法国教会学校学习一年。

1902年，同弟弟陈寅恪东渡日本留学，与鲁迅共读于东京弘文学院，朝夕相处，关系密切。1906年进高等师范博物科，与中国最早出国学习绘画的李叔同关系密切。1910年陈师曾回国，寓居上海。他非常钦佩画家吴昌硕的书画、印章，常与吴昌硕来往，在艺术上得到吴昌硕指点，因而对绘画产生了更加浓厚的兴趣。在此期间他曾任教于南通师范。1913年3月去湖南长沙第一师范学校执教，至9月即赴北京，应教育部之聘任教育部编审。在京他再次与鲁迅相遇，常一起逛小市，收购古旧书和金石拓片。1914年又与鲁迅共同组织儿童艺术展览。他曾多次治小印送鲁迅，请鲁迅鉴赏他的书画作品。鲁迅收藏的中国现代国画家的作品也以陈师曾的为最多。

陈师曾在教育部工作期间，曾兼任北京女子师范及女高师的博物教员，1916年兼任北京高等师范手工图画专修科国画教员。1918年任北大画法研究会导师。1918年国立北京美术专科学校成立，第二年，聘陈师曾为教授。1920年，金城组织中国画研究会，陈师曾是发起人之一。

陈师曾的美术活动集中在37至47岁的10年当中。这期间他做了大量的工作，其中对齐白石的帮助是促使齐白石绘画风格发生变化的关键。陈师曾的作品还对漫画家丰子恺形成独特风格有相当的影响。丰子恺在《教师日记》里说："国人皆以为漫画在中国由吾创始。实则陈师曾在太平洋报所载毛笔画，题意潇洒，用笔简劲，实为中国漫画之始，弟当时无其名，至吾画发表于文学周报，始有漫画之名也。忆陈作有《落日放船好》、《独树老夫家》等，皆佳妙。"[29]漫画是否是自陈师曾始还可研究，但丰子恺的画确实受了陈师曾的启发是可以肯定的。

10年当中陈师曾还对中国绘画的传统做了认真的研究，先后写成了《中国人物画之变迁》、《清代山水画之派别》、《清代花卉画之派别》、《中国画小史》、《中国绘画史》、《文人画的价值》等书。

陈师曾的绘画成就很高，在当时北京画名极盛。他主张感情移入和画外功夫。他作画讲创造、重生动、求意趣、师造化，他的许多写生小品，尤其是庭院园林小景，意趣盎然，都是从生活中写生得来，在当时临摹成风的画坛中，能独树一帜。他的山水画既重视传统技法，又学而能变，他的花鸟画，近学吴昌硕，远宗陈淳、徐渭、扬州八怪，长于大写意笔法，浑厚绮丽，能自成简远雄秀一派。他的人物画，带有速写和漫画的情趣，《北京风俗画》、《读画图》等，能突破旧习，表现旧时老百姓的苦难生活，意境新，耐人寻味，有创新精神。他的篆刻取法于吴昌硕，使刀如笔，浑古朴茂；小印潇洒秀劲，大印气势磅礴。由于陈师曾的国学基础深厚渊博，所以他能熔书画篆刻于一炉。陈师曾极重艺术教育，学生盈门，王雪涛、王子云、李苦禅、刘开渠、俞剑华、苏吉亨、高希舜、江南蘋等均为他的授课门生。

陈师曾留下的绘画作品，数量比较多的是大写意花卉和山水画。对他的作品前人已有过评价，梁启超曾说："无论何种艺术，不是尽从模仿得来。真有不朽之价值，全在个人发挥创造之天才。此种天才，不尽属于艺术方面，乃个人人格所表现。有高尚优美的人格，斯有永久的价值。试看过去美术家，凡可以成为名家，传之久远，没有不是个人富于优美的情感，再以艺术发表其个性与感想。过去之人且不论，如今有此种天才者，或者甚多，以所知者论，陈师曾在现代美术界，可称第一人。"[30]山水画家胡佩衡则说："他画花卉痛快淋漓，气势磅礴，用笔能飞舞健爽，用墨能燥、温、浓、淡，任意挥洒，用色厚郁绮丽。"[31]画家吴昌硕对陈师曾的画也给予了高度的评价："师曾老弟，以极雄丽之笔，郁为古拙块垒之趣，诗与书画下笔纯如。"[32]

陈师曾是一位学术修养和书画根基很深，艺术感受力与表现力很强，创造力很旺盛的中年画家。他在艺术上虽还远未达到可能达到的高度，但从他的作品上看，其笔墨的老到，形象的生动，以及格调的高雅，在当时也是不可多得的。所以他的作品一直到现在仍为人们所称颂。

陈师曾的绘画作品当时曾委托北京琉璃厂淳菁阁经售。除卖画外，他还做了一般画家不太愿意做的美化生活用品的工作。他画笺谱和墨盒盖，为同古堂设计新花样等，都很有成绩。鲁迅在《北平笺谱》序里曾给过很高的评价："及中华民国立，义宁陈君师曾入北京，初为镌铜者作墨盒，镇纸画稿，俾其雕镂；既成拓墨，雅趣盎然。不久复廓其技于笺纸，才华蓬勃，笔简意饶，且又顾及刻工者其奏刀之困，而诗笺乃开一新境。盖至是而画师梓人，神志暗会，同力合作，遂越前修矣。"[33]肯定了他从事画墨盒盖和笺谱的成绩，又表扬了他与刻工合作的精神。

一日，陈师曾逛琉璃厂，看见了齐白石刻的印章，深为那凌厉的刀法、淋漓沉著而又雄浑磅礴的艺术风格所吸引，特地寻到法源寺来探访齐白石，二人一见如故，彼此欣赏，即成莫逆之交。齐白石将自己精心绘制的《借山图卷》拿出，请陈师曾鉴定。陈师曾仔细赏玩，认为画格很高，但还有许多不够精湛的地方，并题了一首诗送给白石：

曩于刻印知齐君，
今复见画如篆文。
束纸丝蚕写行脚，
脚底山川生乱云。
齐君印工而画拙，
皆有妙处难区分。
但恐世人不识画，
能似不能非所闻。
正如论书喜姿媚，
无怪退之讥右军。
画吾自画自合古，
何必低首求同群？[34]

虽然齐白石认为自己的这些山水画，是“胸中山水奇天下，删去临摹手一双”的山水画，但仍脱不了从石涛、罗两峰、金冬心以及清初“四王”那里学的绘画技法，走的是八大山人冷逸的一路，还不具备自己的艺术风格。陈师曾劝齐白石自创风格，不必求媚世俗，这也正点出了中国当时画界的弊端。

清朝初年，统治者为巩固统治，实行文字狱以钳制舆论，设立博学鸿词科补充科举，以笼络文人，造成了考据之风的盛行，也造成了一大批集古人大成为归依的文人画家，如清初“四王”；与之相对立的还有以独抒个性的一派，如清初“四僧”及中期的“扬州八怪”，他们两派在对立与交融中，彼此从继承与拓展两个侧面推进了中国古代美术的演进。

清朝末期，虽有少数画家在创作上取得了新的进展，但从美术领域总的趋向上看，却是每况愈下，以至一蹶不振。康有为曾深为感慨地说：

中国画学至国朝而衰弊极矣，岂止衰弊，至今群邑无闻画人者。其遗余二三名宿，摹写四王、二石之糟粕，枯笔如草，味同嚼蜡，岂复能传后，以与今欧美、日本竞胜哉？[35]

此语一针见血，切中时弊。

陈师曾坚决反对“四王”画派，认为“四王”从清初到清末盛行了260余年，影响遍及全国，“积习既久，流弊遂深，画道之衰，已达极点”[36]。他极力避开“四王”的习气，也没有走革新就是学西画的路子，而是在继承和发展中国绘画传统上下功夫。陈师曾向沈石田、石涛、石溪、梅清、龚贤以及元四家学习，尤其在得吴昌硕亲传后，更是突飞猛进，为中国传统绘画的革新和发展作出了贡献。他算得上是全能画家，能画人物，能画山水，也能画花鸟，其中最突出的还是花鸟画。虽然个人风格还不够突出，但在构图、用笔，尤其是用色方面显示了自己特有的素养。他善于发挥鲜艳颜色的长处，敢于在画面上用大红大绿，在继承传统的基础上，勇于创新。

陈师曾自创风格的建议，给齐白石的启发非常大，白石也深有同感。齐白石常到陈师曾家去，二人在师曾的书房“槐堂”谈画论世，共同的志趣使他们结下了深厚的友谊。

齐白石第二次来京，还结识了不少当时文坛画界的名人。有江苏泰州的凌植支、广东顺德的罗瘿公、罗敷庵兄弟，江苏丹徒的汪蔼士、江西丰城的王梦白、四川三台的萧龙友、浙江绍兴的陈半丁、贵州息烽的姚茫父等人。罗氏兄弟是诗人兼书法家，萧龙友是位名医，也是诗人，而凌、汪、王、陈、姚都是画家。

陈半丁，名年，字半丁，一作半痴，又字静山，1876年生于浙江绍兴，1970年1月29日卒于北京。他幼年家境贫苦，14岁作学徒，利用工余刻苦学画和攻读文史书籍。20岁时来到上海，与名画家任伯年、吴昌硕等相识，后拜吴昌硕为师。在吴昌硕指导下，进步很快，诗书画印方面的造诣，与日俱增，深得吴昌硕的赞赏。为了谋生，40岁时他来到北京，曾在北京大学图书馆工作。不久受聘于国立北平艺专担任中国画教授，成为早期从事美术教育的中国画家之一。

陈半丁画山水学石涛，于平淡蕴藉中见高雅苍古之致。人物画简练古雅，多表现文人的生活情趣。但相比之下，他的花卉画成绩最高。他初得任伯年、吴昌硕的亲传，又师法赵之谦、徐渭诸家，到40岁以后，作品渐趋成熟。他善画牡丹、菊花、紫藤、荷花，终于形成了独具特色的个人画风。他常以洗练、概括的笔墨和鲜丽沉着的色彩，表现不同环境气候下花卉鸟兽的不同容貌和姿态。其笔墨苍润朴拙，含蓄有力，构图上讲究诗书画印的相互作用，统一中有变化。

陈半丁在北京和齐白石相识后，二人结为至交，互相切磋画艺。他们俩都是诗、书、画、印融为一体的画家，但在风格上各有自己的特点。

姚华，生于1876年，字重光，号茫父。1904年中进士，被清政府任命为工部主事，并保送到日本学习法政。1907年学习期满回国，任邮传部邮政司行走。1912当选为临时参议院贵州参议员。1914年任北京女子师范学校校长，久居北京莲花寺，故别号莲花龛主。他文艺修养很高，对诗文词曲、碑版古器及考据音韵等无不精通，书画造诣亦高深，山水、花卉都画，篆、隶、真、行皆长。姚华与陈师曾是好朋友。1919年到北京美术学校教书法、绘画。1924年任北京京华美术专门学校校长，与齐白石交往颇多。

王梦白，名王云，字梦白，号破斋主人。青年时在上海钱庄做学徒，自学任伯年花鸟画，得到吴昌硕的赏识。民国初年到北京在司法部任录事。陈师曾与他交往密切，欣赏他的作品并劝他改学李鱓、华嵒，由于陈师曾卓越的见识，使得梦白的画艺大进。任北京美专教授时，他常到动物园写生，观看动物题材的电影，成为画猴子的名手。齐白石就很欣赏王梦白的画作。

齐白石此时还结识了住在阜成门外衍法寺的瑞光和尚。瑞光后来拜齐氏为师。瑞光画山水画，一反前人作画仅重摹古的做法，而是学习石涛的作画态度，师古人之法而能创新。瑞光和尚很敬重齐白石，积极支持齐白石进行独创。齐白石一直很看重这个门生，称他是继陈师曾之后，第二个对自己有帮助的人。遗憾的是瑞光和尚只活了50多岁。

齐白石在京城还遇见了旧时的几位好友，有郭葆生、夏午诒、樊樊山、杨潜庵、张仲飏等，常在一起聚谈。

有这么多的旧友新朋，使白石的客居生活并不寂寞。朋友们喜欢他带着浓厚的生活气息的画，喜欢他正直忠厚的为人，而白石也从朋友们那里学到了很多知识，丰富了自己的修养。

但京城是官宦集中之地，有不少逐利之徒，他们瞧不起木匠出身的齐白石，视白石为匠人，瞧不起他的诗和画，称之为鄙俗。有一个人使齐白石终生难忘：

新交之中，有一个自命科榜的名士，能诗能画，以为我是木匠出身，好像生来就比他低下一等，常在朋友家遇到，表面虽也虚与我周旋，眉目之间，终不免流露出倨傲的样子。他不仅看不起我的出身，尤其看不起我的作品，背地里骂我粗野，诗也不通，简直是一无可取，一钱不值。他还常说："画要有书卷气，肚子里没有一点书底子，画出来的东西，俗气熏人，怎么能登大雅之堂呢！讲到诗的一道，又岂是易事，有人说，自鸣天籁，这天籁两字，是不读书人装门面的话，试问自古至今，究竟谁是天籁的诗家呢？"我明知他的话，是针对着我说的。文人相轻，是古今通例，这位自称有书卷气的人，画得本极平常，只靠他的科名，卖弄身份。我认识的科甲中人，也很不少，像他这样的人，并不觉得物稀为贵。况且画好不好，诗通不通，谁比谁高明，百年后世，自有公评，何必争此一日短长，显得气度不广。[37]

在《题棕树》诗中，白石写到：

任君无厌千回剥，
转觉临风遍体轻。

表现出白石不欲与他人争名逐利的处世信念，毁誉听之，走自己的路。

朋友相伴，仍不能使白石稍减对处在兵乱中的家乡亲人的思念，他恨挑起战乱的军阀，思念故乡的一草一木，曾作多首诗来抒发自己的感情。他题一幅山水画云：

白屋两间双山下，
黑云作树墨能舍。
笔端大雨倾银河，
太息不能洗兵马。

又《题画一灯一砚》诗：

无计安排返故乡，
移干就湿负高堂。
强为北地风流客，
寒夜孤灯砚一方。

9 月底，听说家乡的乱事稍稍平定，齐白石遂告别朋友，出京南下，10 月 10 日到家。春君带着孩子们避乱在外，尚未返回。茹家冲的家里，已被兵匪抢劫一空，其中有他 30 岁以后刻的数百方印石。白石痛心至极。值得安慰的是家人无恙。

1918年，齐白石56岁。人们在焦虑和恐惧中又度过了一个春节。形势一天比一天危险，兵乱日甚一日；土匪明目张胆，横行无忌，抢劫绑票，敲诈钱财，惨事几乎天天都有发生。乡里人心惶惶，家里稍许富裕的，个个心惊胆寒，不知何时横祸就会落到自己的头上。齐白石家境本不富裕，只因这几年白石的名声渐长，卖画刻印的辛苦钱，使一家老小过上了温饱的生活，不免就有人看了眼红，到处散布谣言："芝木匠发了财啦！去绑他的票！"还有一些幸灾乐祸的人也跟着起哄："芝木匠这几年，确有被绑票的资格啦！"[38]家里是再也不能住了，于是白石带了家人藏躲到紫荆山下的亲戚家中。

紫荆山地处偏僻，只有几间矮小的茅草屋散布在山脚下，是避乱的好地方。齐白石一家隐姓埋名，时刻提防，唯恐给他人知道招来祸事，生活之苦，难以形容。后白石用一段大胆而朴实的语言，描绘了这一段生活经历：

> ……戊午，乱尤甚，四围烟氛，无路逃窜。幸有戚人，居邑之紫荆山下，其地稍僻，招予分居；然风声鹤唳，魂梦时惊，遂吞声于草莽之中，夜宿于露草之上，朝餐于苍松之荫。时值炎夏，浃背汗流，绿蚁苍蝇共食，野狐穴鼠为邻。殆及一年，骨如柴瘦，所稍胜于枯柴者，尚多两目，而能四顾，目睛莹莹然而能动也。[39]

白石此时彻底明白，家乡已不能再呆了。五出五归后，白石决定不再离家，耕读作画，终老家乡。但家乡之大，已放不下一张平稳的画案，他只有抛弃父母、妻子，远离家乡这一条路了。

1919年，齐白石57岁，决定离家定居北京。其时，父亲已81岁，母亲75岁。二位老人心里都明白，在这多事的年月，一别就不知是否能再见面，但为了儿子的发展，他们忍住悲痛，放儿远行。春君则舍不得辛辛苦苦创下的家业，放心不下年迈的公婆，决定带着儿女留守家园。

应该说，齐白石事业的成功，与春君有着密不可分的关系。她的身上体现了中华民族女性善良贤惠、吃苦耐劳、默默奉献的美德。无论生活多么艰难，她都以惊人的毅力支撑着，侍奉公婆，照顾小姑、小叔，操劳炊爨，毫无怨言。齐白石后有祭陈夫人文说：

> 夫人二十岁时，长女菊如在孕。一日无柴为炊，吾妻手把厨刀，于星斗塘老屋后山右，自砍松枝。时孕将产生，身重，难于上

山，兼以两手行。[40]

又说：

吾妻提桶汲井，携锄种蔬，辛酸历尽，饥时饮水，不使娘家得闻。有邻劝其求去，吾妻笑曰："命只如斯，不必为我妄想。"[41]

此时，春君考虑的仍不是自己，虽然自己年已快近花甲，她想到的是齐白石，是齐白石的生活起居。她对白石说，我是个女人，留在乡间，见机行事，谅无妨害。等你在北京谋生，站稳脚跟，我就往来于京湘，也能时时见面。同时春君还做了一个让齐白石大吃一惊的决定：你只身在外，一定不很方便，不如置一副室，免得客中无人照顾。齐白石真是感动极了。

春节过后，湘中春雨连绵，借山馆前梨花盛开，好像雨中梨花也在替人落泪。齐白石一腔的别愁，他留恋家乡，想念亲人，但又不能不远走他乡。他百感交集，夜不能寐："谁使垂暮之年，父母妻子别离，戚友不得相见？"[42]行至黄河，齐白石幻想道："安得手有嬴氏赶山鞭，将一家草木过此桥耶？"[43]

3月初，齐白石第三次来到北京，重居法源寺僧舍，以卖画刻印为生计，"朝则握笔把刀，日不暇给。"无论如何忙碌，都不能稍解他思乡之苦，夜深独坐，百种思绪涌上笔端：

墨海发乡愁，
南衡雨后幽。
江烟迷岸脚，
村屋上桅头。
如此湖山好，
奚堪戎马蹂！
梦归无处著，
劫后失危楼。

一日收到春君的来信，知道家里老少平安，白石高兴极了，挥笔画下了一幅梅花，并于其上题诗云：

妻子分离归去难，
四千余里路漫漫。
平安昨日家书到，
画出梅花色亦欢。

中秋将至，春君又来信，原来她已为白石选好配室，不日到京，请齐白石预备住宅。白石托人找房，租到了陶然亭附近龙泉寺隔壁的几间房。一日，春君带所选女子胡宝珠到京，举行了简单的成亲仪式。

胡宝珠生于1902年（光绪二十八年）的中秋节，小名桂子，时年18岁，四川丰都县转斗桥胡家冲人。

春君很喜欢这个美丽、善良而又能干的女子，把白石起居饮食、作画刻印的各种生活习惯，仔细地告诉宝珠，希望她能照顾好白石。

转眼到了冬天，湖南战事又起。春君惦记着家里，急于返乡，齐白石于是陪她同行。当时的湖南，兵匪不分，群盗如毛。白石写诗感慨道：

愁似草生删又长，
盗如山密刬难平。

1920年春天，齐白石携三子良琨、长孙秉灵来北京读书。因为所住龙泉寺地处比较荒僻的城南，交通很不方便，于是又搬到宣武门内石镫庵去住。齐白石在京城自法源寺搬到龙泉寺，又从龙泉寺搬到石镫庵，连搬三处住的都是庙产，所以自己也认为与佛有缘。

1920年7月，由于北洋军阀政府国务总理段祺瑞积极扩充皖系武力，和直系曹锟、吴佩孚、奉系张作霖等军阀发生了利害冲突，曹、吴在张作霖的配合下，发动了对皖系军阀段祺瑞的战争，称直皖战争。战事在京汉路高碑店和京津路杨村一带进行。北京城内，人心惶惶。郭葆生在帅府园六号租到几间房子，邀齐白石一家去避难。战争打了几天便停了，齐白石举家又搬回了西城。

白石住的石镫庵内，老和尚养了许多鸡犬，每日鸡犬之声不绝于耳，白石没办法静下心来读书作画。宝珠托人另找了一处居址，搬到了象坊桥观音寺内。孰料观音寺香火旺盛，佛事很忙，佛号钟声，比石镫庵更加嘈杂。住了不到一个月，举家又迁到西四牌楼迤南二道栅栏六号。至此，白石在京才算有了一个比较安定的家。

衰年变法

1840年鸦片战争后，帝国主义打开了中国闭关自守的大门，西方资本主义文化传了进来。于是凡是具有维新思想、崇尚新学的人，都把改革社会、振兴国家的希望寄托在对西方文明的学习上。美术界也是如此，兴办美术学校，派遣留学生出国，学习掌握西方美术技法。五四运动时期，在民主和科学思潮的影响下，提出了美术革命。

“五四”以来，中国画一直是美术界长期争论的问题。由于中国画是在封建社会诞生、形成和发展的，所以当时许多有点“新思想”的人，都把中国画当成老古董，甚至抱着完全否定的态度，要把它打倒。就当时国画本身来看，确实存在许多问题，比如题材狭窄，表现手法日见玄虚，艺术趣味偏于审美，较多的画家满足于因袭、摹仿，宗派门户之见很深。从发展趋势来观察，这些无疑是落后的东西。针对这些缺点来研究，得出的结论就是美术革命。

1918年1月15日，《新青年》第六卷第一号发表了陈独秀《美术革命》一文，提出了国画改良的问题：

> 若想把中国画改良，首先要革王画的命。因为要改良中国画，断不能不采用洋画的写实精神。……画家也必须用写实主义才能发挥自己的天才，画自己的画，不落古人的窠臼。中国画在南北宋及元初时代，那描摹刻画人物禽兽楼台花木的功夫还有点和写实主义相近。自从学士派鄙薄院画，专重写意，不尚肖物；这种风气，一倡于元末的倪、黄，再倡于明代的文、沈，到了清朝的三王更是变本加厉；人家说王石谷的画是中国画的集大成，我说王石谷的画是倪黄文沈一派中国恶画的总结果。谭叫天的京调，王石谷的山水，是北京城里人的两大迷信，是神圣不可侵犯的，是不许人家说半句不好的。……我家所藏和见过的王画，不下二百多件，内中有题画的不到十分之一；大概都用那“临、摹、仿、抚”四大本领，复写古画；自家创作的，简直可以说没有，这就是王派在画界最大的恶影响。到后来的扬州八怪，还有自由描写的天才，社会上却看不起他们，却要把王画当作画学正宗。像这样社会上盲目崇拜的偶像，若不打倒，实是输入写实主义，改良中国画的最大障碍。[44]

很明显，陈独秀提倡采用洋画的写实精神来创作富有创造性的作品，反对只搞临、摹、仿、抚、复写古画的流行风气，以此精神来改良国画。

在“五四”新文化运动的影响下，学西画的思潮，开始盛行起来，采用西画的写实精神已经成为大势所趋。当时对西画写实精神的理解虽然比较简单，以为不过就是要以实物来做描写的模型，以临摹他人作品为能事，没有自己的特点。但实际上它有利于进行艺术创造，有利于对客观世界是创作源泉的认识，使人们把实物写生看作是一种科学方法，是中国美术复兴的必经之路。不这样，个性和感情思想就难以充分发挥，就不能赋予艺术新的生命。当时的美育倡导者蔡元培也认为，重视实物写生是科学的方法，是应该在新美术运动中竭力倡导的。

实物写生首先是在美术学校里实行的。作为新生事物出现的实物写生，别的都可以让中国人接受，唯独画人体写生，由于不符合中国人传统的伦理观念，因而在社会上掀起了轩然大波。

1914 年 3 月，上海美专西洋画科三年级学生首先使用人体模特。同年，浙江高等师范学堂也开始画模特。当时教育部制定的教学方案中虽已规定艺术学校可以采用模特儿教学，但在社会上阻力仍很大。围绕着模特问题，美术界展开了一场尖锐的反封建斗争。刘海粟及上海美专站在了斗争的前列，最后却不了了之。

对于写生的提倡，无疑是对中国古已有之的师造化传统的继承和发扬。但是这种提倡却往往被误解为要写生就要排斥临摹，甚至把二者对立起来。事实上，应当反对的是用因袭代替创作的临摹，而不是一切临摹。临摹是学习传统技法不可缺少的，因此应适当地提倡。

如何评价中国画和中国画应如何发展的问题，是当时画坛关注的中心。

徐悲鸿在《中国画改良论》中说："中国画学之颓败，至今日已极矣"，"夫何故而使画学如此其颓坏耶，曰惟守旧，曰惟失其学术独立之地位。"他敏锐而清醒地提出："古法之佳者守之，垂绝者继之，不佳者改之，未足者增之，西方画之可采入者融之"。[45]在当时学西洋画盛行的风气下，徐悲鸿能提出这样的见解，是很可贵的。

陈师曾的《文人画之价值》，就当时争论不休的文人画问题，实际上也是如何认识元、明、清绘画的问题发表了意见。他强调作画"是性灵的，是思想的，是活动的，不是机械的，不是单纯要发表作者的性灵和思想"。因此，"文人画之要素，第一人品、第二学问、第三才情、第四思想"，[46]肯定了传统画的价值。

邓以蛰在《中国绘画的派别以及变迁》与《观林风眠的绘画展览会

论及中西画的区别》等论文中，着重论述的是关于中西画的区别。他说："中国画注重自然，西洋画注重人生，两下体裁不同，所以发展的艺术（和伎俩方面）也就不同，这种畛域，似乎很难沟通。"他不主张中西混同，认为中国画有自己的发展规律。

1926年，丰子恺在《东方杂志》上发表了《中国画的特色》一文，他将绘画分为两种，他说："绘画，从所描写的题材看来，可分两种，一种是注重所描写的事物的意义与价值的，即注重内容的。还有一种注重所描写的事物的形状、色彩、位置、神气，而不讲究其意义与价值的，即注重画面的。前者注重心的，后者注重眼的。"中国画偏于前者，西洋画近于后者。关于中西画的区别，他认为："中国画是注重写神气的，西洋画是注重实形的。中国画为了要活跃地写出神气，不免有时牺牲一点实形，西洋画为了要忠实地描出实形，也不免有时扼杀一点神气。"

倪贻德的《新的国画》用新艺术的观点重新议论中国画的价值，得出的结论是："现在一般国画家的态度，是摹仿、追摹、幻想……而与现实生活离得太远，不是表现现实生活艺术，却是些虚伪、造作、没有真实情感的艺术。所以我们应当把这种态度改变一下，从摹仿到创造，从追摹到现实，从幻想到直感。在消极方面说，现代的青年国画家，更应当有下面的两种努力：一、从新的事象，新的感觉中，去寻找新的诗意，新的情调。二、创造新的技巧，去表现新的画境。"[47]

"五四"以后，西方美术的大量涌入，冲击了古老的中国画坛，促使中国的美术家们对传统的中国画进行深入的理论研究，不同观点与学派竞相发展。在此基础上，很多画家进行了新画法的尝试。

齐白石的衰年变法，就是在这样的时代条件下开始并完成的。这样活跃的美术思潮对齐白石也产生了影响，他在与画家胡佩衡论画的时候说："得与克罗多先生谈，始知中西绘画原只一理。"[48]（克罗多先生是位法国画家，20年代末在北京教授西洋绘画。）"现在已经老了，如果倒退30年，一定要正式画画西洋画。"[49]说明他希望能不断吸收新的东西，渴望自己的艺术能不断创新。正是这种孜孜以求、不断进取的精神，支持他在年近花甲之时仍能以极大的勇气来改变画风。当然也和他在京遭冷落的境地分不开，尤其是和陈师曾的诚挚帮助分不开。

齐白石定居北京之初，所画学的是八大山人冷逸的一路，在北京不受人们喜爱。除了陈师曾以外，懂得齐白石画的人，简直是绝无仅有。齐白石画的润格，一个扇面，定价银元两元，比同时代一般画家的价码便宜一半，但仍很少有人问津，生意惨淡。1919 年他画《墨牡丹》自题诗云：

衣上黄沙万斛，
冢中破笔千支。
至死无闻人世，
只因不买胭脂。

他是借李唐来表达自己画不被人赏识的寂寞心情。李唐是北宋徽宗宣和画院的画师。北宋灭亡后，他南渡到临安（杭州），年已近 80。初到临安，人们还都沉浸在新朝建立的欢乐中，一片歌舞升平的景象，人们更喜欢能装堂饰壁的工笔画。李唐水墨淋漓、笔墨凝重的画不为时人所重，他一度流落到街头卖画，生活贫困。曾作诗云："云里烟村雨里滩，看之如易作之难。早知不入时人眼，多买胭脂画牡丹"。

在齐白石困难的时候，陈师曾帮助了他。一日，齐白石在画梅花，取法于宋代的画梅名家扬补之。陈师曾看后指出："工笔画梅，费力不好看"[50]，建议白石改变画法。齐白石深受启发，决定变法。他作誓言道：

"余作画数十年，未称己意。从此决定大变，不欲人知，即饿死京华，公等勿怜，乃余或可自问快心时也。"[51]

他以极大的决心闭门谢客，潜心研究，开始了 10 年变法的探索。1920 年至 1929 年是齐白石成败的关键 10 年。为摸索适合自己才秉、气质的艺术道路，齐白石付出了异乎常人的精力和代价，终于独创出红花墨叶的两色花卉，与浓淡几笔的蟹和虾，人称红花墨叶派。

齐白石的画，早年以工笔为主，草虫就很传神，这既得力于摹古，又得力于对生活的细致观察。40 岁以后，他云游四方，并学习石涛、罗两峰、金冬心及"四王"的画法，逐渐改变了画风，向写意方向转化。10 年变法过程中，他广泛吸取借鉴前人的经验，大胆创新。应该说，明、清画家徐渭、八大山人、石涛，近代画家赵之谦、吴昌硕以至陈师曾都对齐白石产生了很大影响。

齐白石对徐渭、八大山人、石涛、吴昌硕都很佩服，在《老萍诗草》中他曾说：

青藤、雪个、大涤子之画，能纵横涂抹，余心极服之。恨不生前三百年，或为诸君磨墨理纸，诸君不纳，余于门之外，饿而不去，亦快事也。[52]

还作诗说：

青藤雪个远凡胎，
老缶衰年别有才。
我欲九原为走狗，
三家门下转轮来。

青藤是明末大写意花鸟画家徐渭的号。徐渭是浙江绍兴人，很有才学，但屡次应举考试未中。中年时曾为闽浙总督胡宗宪的幕僚，参与过当时在东南沿海的抗倭斗争，后在统治者内部的互相争斗中，不堪连受挫折，一度精神失常，因误杀妻子而坐了7年牢。出狱后主要从事文学艺术创作活动，尤工于书画，特别擅长水墨大写意花鸟。他的作品不拘于物象，“不求形似求生韵”，笔简有力，势如急风骤雨，纵横睥睨。他有时还作水墨淋漓的泼墨之作，水墨的运用达到了出神入化的境界。他的画多倾注于主观情意的抒发，几乎是每画必题，每题必诗。他题《墨葡萄轴》道：“笔底明珠无卖处，闲抛闲置野藤中”，抒写自己才华不得施展的郁闷心情。题《蟹荷图轴》云：“稻熟江村蟹正肥，双螯如戟挺青泥；若教纸上翻身看，应见团团董卓脐。”讽喻当时横行霸道的董卓式的贪官。

徐渭的水墨大写意花鸟，对后来的八大山人、石涛、“扬州八怪”、赵之谦、吴昌硕以至潘天寿、刘海粟，包括齐白石都有很大影响。“扬州八怪”中的郑板桥对徐渭十分崇敬，曾有一方“青藤门下牛马走”的印章，用来盖在书画上。吴昌硕曾把他说成是“画中圣”。有人这样说，近代中国画有创新的一派，实际上就是师承徐渭一路。

八大山人名朱耷，清初四僧之一，江西南昌人，明宗室后裔。一生字、号、别号特别多。清顺治时落发为僧，法名传綮，号雪个、个山、驴等，康熙二十三年始号八大山人，在画上常连缀成“哭之”、“笑之”字样，以寄托其愤懑之情。

八大山人19岁时遭国破家亡之痛，遂装哑不语，后削发为僧。他满怀悲愤之情，誓不与清王朝合作，性格倔强，行为狂怪，常借诗文书画，发泄其内心积郁。八大山人能诗，善书法，工篆刻，精绘画。

八大山人的山水画早年曾受董其昌影响，不仅临过董其昌仿古山水册，就是在老年时所写的书札中，仍不断仿求董其昌的字画，通过董画而上追元季黄公望、倪瓒直至五代的董源、巨然。他与“四王”虽同学董其昌，但与“四王”所走的道路完全不同，并非以摹拟为目的，而是从董其昌的画中吸取精华，学董而无董的痕迹，突破了董的规矩而超过了董。由于他那不满现实的独立不倚的孤傲个性，形成了一种豪迈雄健的笔墨，旨在抒发强烈的身世之感，表达“零碎山河颠倒树，不成图画更伤心”的情怀。正如郑板桥诗云：“国破家亡鬓总皤，一囊诗画作头陀；横涂竖抹千千幅，墨点无多泪点多。”因此，他创造的山水形象，既无董画的修润明洁、温静娴雅，更无“四王”的山川清丽、城市繁荣，而是一种苍茫凄楚、剩水残山、荒寞的境界。

在八大山人的绘画中，以花鸟画成就最高。他的花鸟画，大多缘物抒情，或表现自我，把花鸟人格化，以寄寓讽喻之意。他从古代画家梁楷、吕纪、林良、陈淳、徐渭的水墨花鸟画中汲取营养，但摆脱了其形式的束缚，创造出了新的面貌。他的花鸟画意境清奇幽冷，构图和用笔简洁，往往三笔两笔即完成一个形象，可谓“笔简形具”，用笔用墨方面都达到了极熟练的程度。他的花鸟画，笔势凝重而多变化，朴茂酣畅，富有含蓄的韵味；形象夸张奇特，追求不似之似，贵在神似。他喜用拟人化手法，所画鱼鸟常作“白眼向人”的情状，寄托不肯妥协、不甘屈辱的感情和顽强的生命力。画上题诗多含意隐晦，冷嘲热讽，耐人回味。在立意、造型、用笔、用墨以及诗书画印的结合上，达到了水墨写意花鸟画的空前水平，是中国绘画史上极为光辉的一页，对后世画坛影响更为深远。清代的“扬州八怪”、赵之谦、任伯年、吴昌硕，近现代的齐白石、张大千、潘天寿、李苦禅，都受到其艺术的启迪。

大涤子是清初四僧之一石涛的号。石涛，原名朱若极，广西全州人，明宗室。明亡时他年龄尚小，后隐居为僧。早年屡游安徽敬亭山、黄山；中年住南京，曾在南京、扬州两次见到康熙皇帝；晚年定居扬州。石涛擅画山水、兰竹、花果、人物，而以山水画成就最高。他重视学习传统，虽师法元人笔意，但并非泥古不化，更注重深入自然，在写生的基础上进行创作。所画黄山、庐山、江南水乡、平原风光，比实际景物更完美。他的画布局新颖，笔墨千变万化，不拘守一种形体，而是配合多种多样的笔势，根据不同的对象灵活运用，淋漓尽致地加以描绘，表现了山河阳晴阴灭、烟云变幻、寒暑交替的虚虚实实，千情万态，形成了独特的多样化的风格。石涛画花鸟、兰竹，多用水墨写意法，行笔爽利峻拔，用墨淋漓简练。他的山水、花鸟画对后世影响很大。

八大山人与石涛的画，虽有相同之处，但每人又有自己鲜明的个性：八大山人蕴含凝聚，点滴似冰，石涛则情发于外，挥洒淋漓；朱耷沉郁而取势，石涛峭拔而流畅；朱耷长于用笔，石涛则用墨最佳。初八大山人画名高于石涛，乾隆以后，石涛画名则高于八大山人。其实，他们都是大家。

齐白石 91 岁时为胡橐题画云："此白石四十后之作，白石与雪个同肝胆，不学而似，此天地鬼神能洞鉴者，后世有聪明人必谓白石非妄语。"[53]以能似八大山人为自豪。齐白石《题大涤子画像》诗："下笔谁教泣鬼神，二千余载只斯僧。焚香愿下师生拜，昨夜挥毫梦见君。"[54]可见齐白石对两位大师的敬服。但他学大师，不是摹仿，"我是学习人家，不是摹仿人家，学的是笔墨精神，不管外形像不像。"[55]

在十载闭门过程中，"扬州八怪"中黄慎的画对齐白石影响很大。"获观黄瘿瓢画册，始知余画犹过于形似，无超凡之趣。决定大变，人欲骂之，余勿听也；人欲誉之，余勿喜也。"[56]黄慎的狂草入画、粗笔挥洒的风格，用笔简练奔放，不拘形似，传神写意，颇有生动之趣的画面，使白石深受启发。

齐白石作画受到赵之谦与吴昌硕的很大影响。赵之谦作画，学过恽寿平，也学陈淳、徐渭以及八大山人、石涛和"扬州八怪"，既能钻得进去，又能跳得出来，有自己的创造。他所画花卉题材范围极广，人们生活中常见的蔬果，如瓜果、萝卜、白菜等，也成为他描绘的对象。近代花卉画家把蔬果之类作为反复描绘的对象，即从赵之谦开始的。在花卉构图上，赵之谦最善于运用力的平衡规律，这也是前代画家所不常用的。如《太华峰头玉井莲轴》，花叶及题款都集中在画面的上半部，下面仅以三条长茎和几笔乱草来取得力的平衡。又如他的《紫藤轴》，上半部画了一块大而墨的石头，充满了半截画面，下半部却空着，只有几笔幼藤嫩叶和一行浓重的款识，仅此就稳定了头重脚轻的画面。这种"放肆"的构图，是一般画家所不敢做的。他笔墨的成就主要表现在以书法用笔的方法来描绘各种形体，充分发挥线条的艺术效果。

花卉画的色彩，在赵之谦之外不外两种调子：一种是工笔花鸟画，画家尽可能精心摹仿自然的色彩而使之接近逼真；另一种是随着元人浅降山水画的出现而发展起来的水墨写意花鸟画，大都以墨为主，稍施浅色，力求淡雅，从明代的沈周、陈淳、徐渭以至八大山人、石涛、“扬州八怪”皆然。赵之谦则一反过去常法，喜欢用浓艳明朗、对比强烈的色彩，如红、绿和黑三色，从冲突中求协调，因而在画面上，莫不精神饱满，气势逼人。在中国花鸟画的色彩运用上，赵之谦是有创新的一派，这一画法，经吴昌硕加以发展，至齐白石达到了极高的境界。

吴昌硕，原名俊卿，号昌硕，70 岁以后以字行，浙江安吉人，50 岁后曾任安东（今江苏涟水）知县，到任一月便辞去，寓居苏州、上海，与杨岘、任伯年是师友之交，还和蒲华、高邕等往来密切。他 30 多岁才学画，据说开始苦无师承，后经高邕介绍，求教于任伯年。任伯年要他作一幅花卉看看，他说：“我没有学过，怎么画呢?”任道：“你爱怎么画就怎么画。”由于他有篆刻、书法的功底，加上文学修养，便随意画了几笔，任伯年见了不禁拍案叫绝，说：“你将来一定会成名。”他听了很惊异，还以为任跟他开玩笑。任却严肃地说：“即是现在看起来，你的笔墨已经胜过我了。”其后他受到任的不断指点，又参用赵之谦法，上追孙淳、徐渭、八大山人、石涛及金农诸家，博采众家之长而成己意，成为 19 世纪末 20 世纪初中国画坛上最杰出的写意花卉大家。

在绘画题材上，吴昌硕画梅、兰、竹、菊、牡丹、荷花、水仙、松柏、蔬果、杂卉等。他的作品，章法结构突兀，常从左下面向右面斜上，有时亦从右下面向左面斜上，枝叶也作斜势，左右互相穿插交叉，紧密而得对角倾斜之势。用笔坚实挺拔，这主要得力于他的书法，画梅脱胎于篆隶法，写葡萄、紫藤则有狂草的奔放笔致。设色方面，他打破古人成规旧套，学赵之谦而又有创新。吴昌硕喜欢用西洋红，有时画花就大胆地把这种红色（或大红）堆上去；画叶子又用很浓的绿、黄及焦墨。这是在传统的基础上吸取民间用色的特点而形成的自己的风格。他又常以红、黄、绿诸色调入赭墨，力图在冲突中取得协调，因而画面上的色彩显得特别丰富、突出而浑厚。

赵之谦、吴昌硕这种具有创新性的设色，对齐白石影响很大。从他衰年变法后的作品来看，把赵、吴的设色发展到了极至，创出“红花墨叶派”，即以饱满的红色来画花，以淋漓的墨色来画叶，造成了响亮而蕴藉的效果。

在如何用色上，齐白石摸索出了一套自己的画法。他认为红以“透亮者为上”，要用得“古艳绝伦”：

朱砂，以薄片色紫且透亮者为上，陈年者色尤紫更佳。（倒入瓷钵中）用白水加入，以瓷椎轻轻旋转压细。或一两之多，只可压一刻时之久，压时过多，手力过重，全成黄膘，无紫砂矣。压后用轻胶水加入，以椎轻轻擂动数十转，停一刻时之久，倒于他碗，晒干，即为朱膘。再加轻胶水擂动，停一分时之久，又倒于他碗，即为朱砂。[57]

昔时之燕脂，作画薄施，其色娇嫩，厚施，色厚且静。惜属草产，年久色易消灭。外邦颜色有西洋红，其色夺燕脂，余最宝之。曾于友人处见吴缶庐（昌硕）所画红梅，古艳绝伦，越岁，复见之，变为黄土色，始知洋红非正产，未足贵也。[58]

齐白石学前人，学大家，能融众家之长而创一家之法，关键在于师古人而不泥古，师其长而避其短。他曾说：

古之画家，有能有识者，敢删去前人窠臼，自成家法，方不为古大雅所羞。今之时流，开口以宋元自命，窃盗前人为己有，以愚世人，笔情死刻，尤不足耻也。[59]

又说：

画家不要（以）能诵古人姓名多为学识，不要（以）善道今人短处多为己长。总而言之，要我行我道，下笔要我有我法。虽不得人欢誉，亦可得人诽骂，自不凡庸。[60]

他作画反对为宗派所拘，一再强调要“用我家笔墨，写我家山水”，“下笔要我行我道，我有我法”。[61]

作画先要多看。“作画先闻古人真迹过多，然后脱前人习气，别造画格，乃前人所不为者，虽没齿无人知，自问无愧也”[62]。这是说要看古画，学前人。仅此还不够，还要师造化。“凡大家作画，要胸中先有所见之物，然后下笔有神。故与可以烛光取竹影，大涤子尝居清湘，方可空绝千古。匠家作画，专心前人伪本，开口便言宋元，所画非所目见，形似未真，何况传神？为吾辈以为大惭”。[63]只有“胸中山水奇天下”，才能“删去临摹手一双”。

正因为齐白石有这样卓越的见解，才能自立门户。他的自立门户，首先从题材选取上有体现。他明确说过，画花鸟草虫之类的景物画时，“未曾见过，不能大胆敢为也”，“绝不画我没见过的东西”。由此可见他所画的，必是自己见过的东西。这说明以真情实感为依据，来进行艺术创造，是使他的作品有自己特色的第一步。再就是他在深厚传统功力的基础上，以自己摸索出来的一套为“万虫写照，百兽传神”的笔墨技巧，成功地实践了他所坚持的“妙在似与不似之间”的信条。

作画追求“不似之似”，前人就有过论述。明代的徐渭在《画百花卷与史甥，题曰漱老谑墨》中说：“不求形似求生韵，根拔皆吾五指裁。”[64]这与苏轼“论画以形似，见与儿童邻”，倪瓒“不求形似”，“聊以写胸中逸气”的理论是一脉相承的。他评画是以表现对象的生韵即神似为最高要求，所谓“不求形似”，并非不要形似，而是不以形似为满足。他在《蟹》一画中题云：“虽云似蟹不甚似，若云非蟹却亦非。”[65]这就是明代画家王绂所说的“所云不求形似者，不似之似也。”“不似之似”，要求在更高意义上肖似对象，揭示对象的本质，达到神似。这一理论在清代的石涛又被继承和运用。石涛说：“名山许游未许画，画必似之山必怪；变幻神奇懵懂间，不似之似当下拜。”又说：“天地浑溶一气，再分风雨四时；明暗高低远近，不似之似似之。”[66]这一理论到了齐白石、黄宾虹，被解释得更为明白。齐白石说：“作画妙在似与不似之间，太似为媚俗，不似为欺世。”[67]黄宾虹说：“画有三：一、绝似物象者，此欺世盗名之画；二、绝不似物象者，往往托名写意，鱼目混珠，亦欺世盗名之画；三、绝似又绝不似于物象者，此乃真画。”又说：“画家欲自成一家，非超出古人理法之外不可。作画当以不似之似为真似。”[68]

齐白石对花鸟虫鱼的“形”的描绘可谓极“似”，然而与真的来比，则仍然有如此如彼的“不似”。而这个“不似”，不但无碍于“形”的肖似，且更有利于“神”的肖似，以及形象之美的理想化。这说明，在具有自己特色的“似与不似”的形象的创造上，他更多地赋予作品以自己的特色。

齐白石还把自己对于诗的涵养化为画的情趣，从而勾划出具有诗的魅力的艺术形象。例如蜻蜓追逐水上的黄花；小鱼情愿自己来上钩；小鸡拔河似地争啄一条蚯蚓；小老鼠在打灯油的主意等等足以引起联想的描绘就是这样。此外，他把对于客观景物的描写，与自己作为劳动者出身的情感结合起来，把旧文人笔下常有的伤感消极的艺术效果，一变而为健康爽朗、生意盎然的情调。如此种种，都是他作品富有独特风格的原因。

从1920年至1929年，齐白石以惊人的毅力作画1万多幅，刻印3000多枚，终于创立了自己独特的风格，成为一名杰出的文人画家。齐白石曾写诗记载这一段经历："涂黄抹绿再三看，岁岁寻常汗满颜。"又云：

扫除凡格总难能，
十载关门始变更。
老把精神苦抛掷，
工夫深浅心自明。[69]

齐白石改变画法后，曾为当时众议院的议员、湘南同乡易蔚儒画了一把团扇。当时的大文学家同时也是画家的林琴南看了以后，大加赞赏，称："南吴北齐，可以媲美。"他把齐白石和吴昌硕相提并论，都看作是当代的文人画大家。

文人画的概念，古时就有，是中国传统绘画的重要风格流派。作者多属具有较深厚、较全面的文化修养的文人士大夫。"文人画"的称谓最先由明代董其昌提出，并对其历史传承关系作了初步阐述："文人之画，自王右丞始，其后董源、巨然、李成、范宽为嫡子。王晋卿、米南宫及虎儿，皆从董、巨得来，直至元四家黄子久、王叔明、倪元琳、吴仲杰，皆其正传。吾朝文、沈，则又远接衣钵。"日本美术史家大村西崖和中国的陈师曾也曾就文人画的渊源特点作过论述。

文人画的形成和发展，是中国封建社会中多种因素促成的文化现象，它有着一个相当长的演进过程。早在两晋时代，一些画家在创作上表现出来的某些创作思想和艺术追求，如王微对创作中感情成分的强调，顾恺之的"形神"论，宗炳的"畅神"论等，都应看作是文人画的开始。到了唐代，王维的水墨画更具有鲜明的文人画特色。五代的董源、巨然在山水画创作上追求平淡天真和笔墨情韵，又为文人画的发展提供了直接的艺术规范。到了北宋，文同、苏轼、米芾等人更在创作实践和理论批评上为文人画广为宣传，影响所及，使文人画成为一股有相当影响的艺术思潮，开始从院体画与画工画中分化出来。但文人画的鼎盛期是在元代。当时，众多的文人士大夫滋生了厌世和逃世的心理，将绘画作为调节精神的手段。在这个过程中，赵孟𫖯、柯九思强调以书入画，钱选提出“士气”说，倪瓒鼓吹“自娱”思想，更多的画家则是将具有象征意义的梅、兰、竹、菊作为自己的表现题材，用以标榜个人的志节情操。画家的主体意识就这样被进一步强化，文人士大夫的艺术观念和审美思想在创作中也就得到了进一步的体现。到了明代，文人画已上升为画坛的主导地位，并直接影响到了清代绘画的基本格局和审美取向，形成了独具民族特色的绘画体系。八大山人、石涛及“扬州八怪”，突破了“四王”的束缚，开创了新局面。文人画又经过赵之谦、吴昌硕影响到现代的齐白石、潘天寿等人。

文人画集文学、书法、绘画及篆刻艺术为一体，是画家多方面文化素养的集中体现，尤其和书法的关系更为密切。书法中的点、线和笔画间的组合，不但是构成艺术形象的基本元素，也是重要的、具有独立审美价值的欣赏对象。运笔的轻重缓急，点线的疏密粗细所形成的特有的节奏和韵律，要能体现出画家特有的心态、气质和个性，并将这些与所表现的事物的形神有机地结合起来，做到心手相应，气力相合，迹虽断而气连，笔不周而意周。在色彩和水墨上，文人画更注重水墨的运用，讲究墨分五色。王维之所以受到苏轼、董其昌的极力推崇，最重要的原因就是他在后期创作中开水墨画的先河。文人画家所以重水墨而轻色彩，这同中国传统绘画的艺术观念和审美观念有直接的关系，即传统绘画一直不把真实地再现事物的表象作为创作目的，而是把揭示事物的内在神韵作为最高的艺术追求。基于这种宗旨，又形成了民族特有的美学思想，即摒弃华艳，唯取真淳，讲究返朴归真，大巧若拙等等，这是文人画家在艺术上的自觉追求。文人画特色和体系的形成，又与文人士大夫将绘画视为精神调节手段有关。创作对这些画家来讲，起到的不过是一种精神舒络的作用，这样，就能够不为物役，不被法拘，以最简单的工具（笔、墨、纸）、最概括的语言（黑、白、灰三色），传达出最深切的感受。

以上几方面的特征，又决定了文人画在题材选取上有趋同倾向，即山水、花鸟，尤其是梅、兰、竹、菊等成为传统的表现题材，相对来讲是比较狭窄的。

作为文人画家的吴昌硕、齐白石，他们继承了前人的传统，但又不同于前人，即使是他们二人，也存在着比较明显的不同。林琴南提出

“南吴北齐”的说法，似乎有意把他们当作“两峰对峙、两水争流、各尽其妙”的画家。离开吴昌硕就不会有齐白石在风格上的完善，这是明显的。齐白石“衰年变法”之后的作品深深地渗入了吴昌硕的画风，但又不同于吴。

吴昌硕是位比较典型的正统的文人画家。他常说：“我学画太迟，根底不深，天资也不高，仅仅做到多看、多画而已。”学艺起步晚和后来的勤奋这是事实。他30多岁才开始学画，结识任伯年是他学艺过程中的机缘。齐白石曾说：“余见缶庐六十岁前后画花卉，追海上任氏得名天下。”足见他前期作品有很多是受任伯年影响的。吴一贯重视书法金石与绘画的关系，他的画得力于书法。他一反飘逸、清淡、疏狂、柔媚等前清花鸟画家的常态，以朴质和苍劲的篆书用笔，以简练和浑厚的造型，以奇辟或不经意的画面布局，使得自己的艺术风貌卓然独立。更重要的是，他把写意花鸟的表现技法推到了登峰造极的境地，无论在他之前的徐渭、朱耷，还是在他之后的齐白石，都不能在雄浑豪放上与他争雄。吴昌硕愈到晚年愈是喜爱用浓重的颜色，但他笔下所有效果全是水墨方法的演化，在把自己的情绪注入画面方面，则要逊色于徐渭和朱耷了。他虽饱经人世沧桑，历尽艰苦磨难，造就的不是愤世嫉俗或超然物外的性格和态度，却熬成一种随遇而安、知足常乐的品性。在他的作品中，特别是在他成熟之后（60岁后）的作品中，除了高度的使人难以企及的笔墨技法和完整的画面构成外，很难找到像徐渭、朱耷那样令人神往的、或忧愤悲凉、或玩世不恭的“画外音”，相反却多表现积极而热烈的入世态度。

齐白石称得上是全能画家，人物、山水、花鸟都很擅长。就这一点讲，他比吴昌硕的路子宽广得多，他的风格可以称得上是带有“民间味”的文人画。齐白石由木工而成画匠，由画匠成为文人画家，他接受的影响是广泛的。他致力于自宋元以来的绘画传统的研究，又进行了大量深入观察和感受生活的工作，尤其是能不辞卑微地向民间艺人学习，使他的画能在文人画坛上独树一帜。齐白石从民间手工艺出发，把中国传统民间艺术长期被冷落的优秀特质发掘了出来。在他的绘画中，不但在稚拙、朴实、敦厚、正直方面，一贯地表现了中国民间艺术的特色，而且在技术上，齐白石也把民间绘画的特质，大胆地应用在文人画中，产生了新的突破。特别是他在70岁左右创作的草虫花卉册页，明显地以工笔写草虫，以大写意笔法写花卉，结合了中国民间工艺与文人绘画两大传统的艺术风格，很值得称赞。

蕴藏在中国民间丰富的艺术遗产，一旦有人去肯定它，运用它，它们便可以在新时代中获得新生。在这一点上，齐白石虽然在应用上有一定的局限，但他所揭示的方向，具有卓越的价值。

由于有了“民间味”，齐白石作品的题材丰富多彩，画得亲切动人，没有一点勉强的孤傲气息。客观地讲，齐白石人物画、山水画的成就不如他最擅长的花鸟画，所画的仕女及其他画像成就不很突出。至于他自许的“胸中山水奇天下，删去临摹手一双”的山水画，也不能与他真正擅长的花鸟画相比。他五次远游，足迹遍及华山、嵩山、庐山以及长江、珠江、洞庭、黄河等名山大川，晚年又到过四川，领略了三峡、峨嵋的风光。他以花鸟画家的眼光来画山水，以简练的阔笔拖出山峦，显得墨气淋漓、不拘常法。他不袭古人成法，往往漫不经心几笔就有出人意料的效果。“看似寻常实奇崛”是他山水画的特点。他那幅著名的《蛙声十里出水泉》，以一群小蝌蚪顺着汩汩下泻的山泉游出，使人联想蛙声的出处，由此产生出一种喧闹之感。这是一幅代表齐白石水平的笔简意远的杰作。它说明了齐白石在山水画构图上的良苦用心。

最能代表齐白石绘画成就的是花鸟画。他涉及的花鸟草虫面之广是前无古人的。“四时不绝之花”出自他笔下的近100种，鸟类如鹰、乌鸦、八哥、喜鹊、竹鸡、鹌鹑、鸡、鸭、和平鸽等是他常画的题材。虾、蟹、蛙、鱼更见出他的独特功夫。他在水墨技巧的发挥上，继承了文人画的全部优点；而在描写内容上则大胆地把生活中常见的东西搬进画面，突破了一般文人士大夫的欣赏口味，博得了普通百姓的喜爱。一棵小草或一只小鸡，在他的笔下充满着活泼的生机。齐白石童心不泯，对生活始终抱着美好的向往，创造了情趣健康、令人愉快的艺术形象。他在早年从事民间艺术的过程中，学到了纯朴、热烈和大众化的艺术趣味。齐白石到晚年，更是反复描画那些生活情趣浓厚的东西。所谓“民间味”不仅丝毫没有降低他的艺术成就，相反却把他和其他大师区别开了。同时，“民间味”所体现的内容不只是在齐白石敢于突破前人的题材范围，还表现在他用色、造型、构图等方面的大胆创新。

因此，吴昌硕和齐白石可以称得上是同时代的两位杰出大师，离开吴昌硕就不会有齐白石风格上的完善，同时齐白石“民间味”的风格，也衬托了吴昌硕的特点。他们互相映衬，在中国画坛上绽放着夺目的光彩。

齐白石的“衰年变法”为自己成为众口交誉的大师打通了道路。在这个过程中，陈师曾则功不可没，是他劝齐白石改变以前的画风，向吴昌硕等人学习；是他的无私帮助，才使一度受冷落的齐白石逐渐得到了大家的重视；又是他把齐白石的艺术推向了世界，介绍给了世界人民。这一点在齐白石的自传中反复提到了：“师曾提拔我的一番厚意，我是永远忘不了他的。”[70]齐白石在自传里说：

民国11年（壬戌·一九二二），我六十岁，春，陈师曾来谈：日本有两位著名画家，荒木十亩和渡边晨亩，来信邀他带着作品，参加东京府厅工艺馆的中日联合绘画展览会。他叫我预备几幅画，交他带到日本去展览出售。我在北京，卖画生涯，本不甚好，有此机会，当然乐于遵从，就画了几幅山水，交他带去。[71]

陈师曾从日本回来，带去的画，统都卖了出去，而且卖价特别丰厚。我的画，每幅就卖了一百元银币，山水画更贵，二尺长的纸，卖到二百五十元银币。这样的善价，在国内是想也不敢想的。还说法国人在东京，选了师曾和我两人的画，加入巴黎艺术展览会。日本人又想把我们两人的作品和生活状况，拍摄电影，在东京艺术院放映。这都是意想不到的事。[72]

为此齐白石作了一首诗以纪念：

曾点胭脂作杏花，
百金尺纸众争夸；
平生羞杀传名姓，
海国都知老画家。[73]

从此以后，北京琉璃厂的一些字画商认为可以搞投机生意，纷纷来找齐白石买画。后来外国人和一些有声望的人也来找白石买画。在画名远扬的同时，白石的日子也很好过了。这都和陈师曾的帮助是分不开的。

但遗憾的是，1923年陈师曾往南京奔母葬，染痢疾而去世，时年48岁。齐白石痛失知己，伤心流泪，并作诗哀悼他：

君我两个人，
结交重相畏。
胸中俱能事，
不以皮毛贵。
牛鬼与蛇神，
常从腕底会。
君无我不进，
我无君则退。
我言君自知，
九原勿相昧。[74]

又诗：

槐堂风雨忆相逢，
岂料怜公又哭公；
此后苦心谁识得，
黄泥岭上数株松。

齐白石不仅自己不忘师曾的恩情，而且常讲给子孙们听，让他们也不忘。困境中是陈师曾给予了最大的帮助，才有了今天的齐白石。

卖画京城

在北京定居后，有不少人慕白石之名跟白石学画，著名的戏剧家梅兰芳便是其中的一个。

1920 年 9 月初的一天，齐白石应友人之邀，前往梅兰芳家做客。梅兰芳住在前门外北芦草园，书斋布置讲究，取名为“缀玉轩”。家中种了许多花木，光是牵牛花就有 100 多种，有的开着像碗一般大小的花朵，给白石留下了难忘的印象，从此他开始画牵牛花。

梅兰芳久慕齐白石大名，非常尊敬他。梅兰芳亲自理纸、研墨，请齐白石画了一幅草虫。画完，梅兰芳用心地唱了一段贵妃醉酒。

此后不久，一天，齐白石到一个有声望的人家去应酬，他穿了件布袍子，满座的阔人谁也不理睬他。就在齐白石陷入窘境、自悔不该来的时候，梅兰芳走了进来。他径直走到齐白石面前，非常恭敬地施礼、寒暄，使座客们大为惊讶，使白石脱了窘境。事后，齐白石感激地画了一幅《雪中送炭图》，送给梅兰芳，并题诗云：

记得先朝享太平，
草衣尊贵动公卿。
如今燕市无人识，
且喜梅郎呼姓名。[75]

1925 年，梅兰芳正式拜齐白石为师学画草虫。

1921 年端阳节，齐白石应夏午诒之邀来到河北保定，游莲花池。有感于池中茂盛的朱藤，对花写照，画了一张长幅。齐白石画藤很有自己的特点，曾说："画藤愁不乱，能乱即有神"，又有画藤诗："青藤灵舞好思想，百索莫解头绪爽。白石此法从何来，飞蛇乱惊离草莽。"他在《得儿辈函复示》诗中说："朱藤年久结如绳，枫树园旁香色清。乱到十分休要解，画师留得悟天真。"

秋天，齐白石回湘潭老家探望双亲。9 月 15 日收到了三子良琨从北京发来的电报，说长孙秉灵病重。齐白石和春君立刻动身回到北京，不久，秉灵病愈。

这一年腊月二十日，胡宝珠生了个男孩，是为齐白石四子，取名良迟，号子长。宝珠此时年方 20，又是头胎生子，春君很不放心，留在北京照顾宝珠和孩子。

1922 年春天，齐白石送春君回家乡后，到长沙住了一些日子。在长沙，他住在同族逊园家里。这段时光给白石留下了难忘的印象，曾诗云：

欲逃画债仗吾贤，
难得风和四月天。
前五十年无此梦，
逊园楼上作神仙。

余每还家，为乡人求画所苦。今夏居于吾家逊园之楼。楼下有欲晤余者，逊园为余谢去，因得安闲，深感逊园之慷慨痛快。[76]

这时的齐白石已年逾花甲，麻白长须，穿一件大白布背心，蓝大布半长裤子，赤着脚，穿双白底黑布便鞋。他不抽烟，不喝酒，每天清晨总喜欢端坐在一张团椅上，双目微闭，作静功练身。每天一定时间在室外活动，或是观察水中嬉游的金鱼，或是聚精会神地看小鸡啄食、捕虫、相互追逐的神态。

农历四月的长沙已是夏初，天气很热，但齐白石一天也不闲着，总是不断地画，一上午就要画七、八张。据齐靖涛回忆：

> 有一次老老（指齐白石）画荷花时，我问他："老老，这就是您讲的墙上一蔸草吗?"老老说："不是，这是荷花，风吹两边倒的墙头草，我不喜欢。这是出污泥而不染，濯清涟而不妖的君子花啊!"说完，他看到我圆睁着眼睛，有些不理解的神情，又耐心地给我举例子加以解释，还教导我说："我们要像荷花一样，中通外直，不蔓不枝，做一个品德高尚的人才对。"[77]

一次，齐靖涛（当时7岁）吵着让叔曾祖父齐白石为他画小鸡，齐白石答应了，让他去住房取宣纸。齐白石给人画画有个脾气，就是他事先已把宣纸裁好叠起，你只能拿上面的，上面这张是大的就画大幅画，上面是张小的就画小幅画。如果你翻动他的纸，他就会生气不画。不巧这次齐靖涛碰到的偏偏是一张小纸，不高兴，但也不敢换大的，只好取来递给叔曾祖父。齐白石很快画了两只小鸡，齐靖涛想让他多画点，去扯他的衣袖，谁知一滴墨水掉在纸边上，齐靖涛就吵着要换大的。可齐白石在滴墨处涂了几笔，一只活蹦乱跳的小鸡又出现了。但是齐靖涛还是想要幅大的，便呼着说："老老，我不要这张，这只小鸡歪到右边去了!"齐白石听了，不慌不忙蘸了一笔墨在左边加写了"二三子"三字，真是画龙点睛，恰到好处。

有一件事让齐白石很难过，那就是在逊园家里见到了次女阿梅。4年未见，阿梅憔悴得不成样子。自从出嫁以后，阿梅就没过一天舒心日子，经常遭夫婿打骂。有一次夫婿发疯，要拿刀杀她，幸亏躲在邻居家，才保住性命。齐白石很心疼她，但也没有好办法，只能婉言劝她另谋出路。

这一年的十一月初一日，齐白石的长孙秉灵病故，时年17岁。白发人送黑发人，齐白石非常伤感。

1923年，齐白石61岁，开始记日记，取名《三百石印斋纪事》。

中秋节过后，齐白石从三道栅栏迁居到太平桥高岔拉一号，把早年王湘绮写的"寄萍堂"横额挂在屋里。居所附近有条胡同，名叫鬼门关，在明朝那里是杀人行刑的地方。齐白石曾做寄萍堂诗曰："马面牛头都见惯，寄萍堂外鬼门关"。

农历十一月十一日，宝珠又生了一个男孩，取名良已，号子泷，小名迟迟。这是齐白石的第五个儿子。

1925年，齐白石的三子良琨在北京南纸铺挂笔单，开始卖画。他的画得白石亲传，卖画收入相当不错，足可以自立谋生。三儿媳张紫环也能画梅花，笔力颇佳。

1926年，齐白石64岁。这一年对于齐白石来说，真是多灾多难的一年。

春节过后，齐白石就启程回湖南探视双亲。车行至长沙就再不能前进了，因湘潭一带正在打仗，道路已经阻断。眼见离家只有百余里，却不能和亲人相见。他只得从汉口坐江轮到南京，乘火车经天津回到北京，这时已是农历二月底了。又过十几日，齐白石收到长子良元来信说，母亲病危，请齐白石汇款救急。齐白石真是心急如焚，无奈湘鄂一带战火纷飞，只能于3月16日汇款100元。乃至4月19日得到消息，母亲已于3月23日故去，享年82岁。齐白石痛心至极，做《齐璜母亲周太君身世》一文以悼之。

7月初，白石又收到父亲病危的信。此时北伐战争已经开始，湘鄂两省正是国民革命军与北洋军阀激战的地方，交通已中断。白石想绕道广东，但广东的革命军也大举北伐，沿途兵车拥挤，难以通行。齐白石真是心如油煎。八月初三得知父亲已于七月初五日去世。悲痛欲绝的齐白石只能在家设置灵堂，成服守制。

一年之内，连遭父母大故，对白石的打击太大了。白石早年家境贫寒，中年尚未宽裕，一直与父母妻子艰难度日。55岁后，家乡兵乱，白石又被迫飘流北京，既不能在旁侍奉，又不能迎养到京，反而让父母亲惦念、忧心。母亲弥留之际还再三问："纯芝回来了没有？我不能再等他了！我没有看见纯芝，死了还悬悬于心的啊！"每当想起这句话，齐白石的心里就极度地悔愧，想乌鸦小鸟，长成犹能反哺母亲，而自己身为人子，未能孝养父母，常常寝食难安，于是刻"悔乌堂"印以自慰。

冬天，白石迁居到西城区跨车胡同十五号院。

19世纪20年代，是中国新美术运动发展的活跃时期，各地纷纷建立美术学校，发展美术教育事业。北京成立了北平国立艺术专门学校，聘林风眠为校长。

林风眠1900年生于广东省梅县。他的祖父是一名雕刻石匠，父亲林雨农承祖业又兼习绘画。林风眠6岁入私塾，9岁入小学，14岁入省立梅县中学。18岁中学毕业赴上海，1919年赴法国勤工俭学。1920—1922年先后就学于法国第戎美术学院、巴黎高等美术学校。1923年曾游学德国。1925年冬回国，任北平艺专校长兼教授。1928年任杭州国立艺术专科学校校长，从此定居杭州。

林风眠是一位杰出的画家和美术教育家，他既从事绘画创作，又从事美术教育，在这两方面都作出了卓越的贡献。

林风眠早年的绘画以油画为主。但回国以后，最能体现他绘画成就的不是西洋画，而是既不同于西洋画又不同于我国传统画的一种绘画。他融中西绘画为一体，树立了一种新的观念：从人类文化与艺术史的高度来看传统，把自然和心灵视为创造艺术生命的源泉。他注重观察对象，但从不拘泥于表皮的真实。他总是在方形的构图中创造令人神往的意境，画面上水墨与油彩、力量与柔情、诗人般的气质与清醒的理智溶为一体，从而形成了他的独特风格。在现代革新中国画的实践探索中，林风眠的创造性、开拓性劳动，具有里程碑的意义。

作为一位美术教育家，林风眠是颇有见地的。他接受了蔡元培的教育思想，主张在教学中兼收并蓄，中西并存。他眼界开阔，胸怀宽广，能够容纳各种文化遗产和各种风格流派。他重视启发式教学，鼓励学生发挥自己的特长，追求自己的艺术个性。他要求学生到自然中去寻求灵感与体验，引导学生在表现对象生动性的同时，求得情感与理智间的平衡。他提倡学生全面发展，在画好画的同时，还要读文学名著，读哲学、历史，以充实心灵，增强感受力。在他任北平艺专校长期间，请了一些社会名流来校任教，齐白石就是其中的一个。

1927年，齐白石65岁。一天，林风眠来到齐白石家，请齐白石到艺专去任图画教席。齐白石觉得自己是木匠出身，到大学去教书恐怕不太适宜，就婉拒道："林校长，我从小是苦人家的一个砍柴放牛的娃子、种田的农民、雕花的木匠，只读了《四言杂字》、《千家诗》、《唐诗三百首》一类的书，让我到大学去教中国画，我是不敢答应的。"时隔不久，林风眠再一次来请，并说了许多称赞白石诗和画的话，诚恳的态度使白石不得不应了下来。

艺专位于西城区西京畿道路的西边，是一所玻璃顶的房子，离齐白石住的跨车胡同只有一里多路。每天早晨齐白石由宝珠搀扶着上车，一刻钟便可到学校。林风眠很尊重齐白石，上课时为白石备下藤椅，下课又亲送白石到校门口。齐白石非常感谢林风眠对他的信任，特意画了张画送给他，还请林校长在家吃了便饭。他为自己能在大学任教而自豪。同年5月1日，艺专举办艺术大会，齐白石送作品参展。

这时的北京政府腐败、黑暗，官僚们整日吃喝玩乐，根本不理百姓疾苦，比起前清的官僚，可以说有过之而无不及。“每天午后才能起床，匆匆到署坐一会儿，谓之上衙门，没有多大功夫就散了。晚间，酒食征逐之外，继以嫖赌，不到天明不归，最早亦须过了午夜，方能兴尽。”[78]齐白石对此异常气愤，画了两幅鸡，并在上题诗道：

天下鸡声君听否？
长鸣过午快黄昏。
佳禽最好三缄口，
啼醒诸君日又西。

他还曾画过好几幅不倒翁，以此来讽喻当时的腐败官僚，并赋诗三首：

能供儿戏此翁乖，
倒不须扶自起来。
头上齐眉纱帽黑，
虽无肝胆有官阶。

秋扇摇摇两面白，
官袍楚楚通身黑。
笑君不肯打倒来，
自信胸中无墨点。

乌纱白帽俨然官，
不倒原来泥半团；
将汝忽然来打破，
通身何处有心肝？[79]

在旧社会，百姓痛恨贪官污吏，但敢怒而不敢言，而齐白石却通过画笔塑造艺术形象，对此作了有力的贬斥。虽然他画的都是古代人物服饰，但因为有现实生活基础，又经过艺术的高度概括，就引起了人们的共鸣。他以自己的思想深度、感情深度以及高明的艺术手段打动了观者。齐白石还曾画过钟馗《搔背图》。他运用丰富的想象力，生动地画出钟馗和小鬼，所构画的形象不落俗套，并题曰："不在下，偏搔下，不在上，偏搔上，汝在皮外，焉知我痛痒。"成了一幅极有趣而含义深刻的漫画。

1928 年秋天，齐白石的《借山吟馆诗草》刊行，是用石版影印的手稿，收录了齐白石从 1902 年至 1914 年 12 年间所作的诗稿。

九月初一，宝珠生了个女孩，取名良欢，乳名小乖。1931 年 3 月 11 日，宝珠又生了一个女孩，取名良芷，乳名小小乖。她的姐姐良欢，因有了妹妹，就改叫大小乖了。

几年的战乱中，齐白石的二弟纯松、五弟纯隽相继去世了，同胞兄弟 6 人，仅存三弟纯藻、四弟纯培和白石 3 人了。

1931 年正月二十六日，樊樊山于北平逝世，齐白石又痛失一谈诗的知己。

这一年的 9 月 18 日，是中国人民永远也不能忘记的一个日子。这一天夜里，日本关东军自毁南满铁路柳条湖路轨，反诬中国军队所为，随即炮轰中国东北军驻地北大营，并向沈阳城大举进攻，这就是震惊中外的"九·一八"事变。事变前，面对日本帝国主义的不断挑衅，蒋介石一再命令中国军队不准抵抗，曾命令东北军"遇有日军寻衅，务须慎重，避免冲突。"事变发生后，又密电张学良"为避免事件扩大，绝对抱不抵抗主义"，甚至"日军勒令缴械，入占营房，均可听其自便"。由于国民党政府的不抵抗政策，几十万东北军不战而退入山海关内。短短 3 个月的时间，日军占领了东北全境。从此，东北近百万平方公里的肥沃土地沦为日本的殖民地，3000 多万同胞惨遭日本侵略者的蹂躏。

亡国之祸，迫在眉睫，齐白石焦急万分、气愤异常。这时，他虽年近古稀，仍忧国忧时。农历九月初九重阳节，齐白石的好朋友黎松安邀他去登高。

> 我们在此时候，本没有这种闲情逸兴，却因古人登高，原是为了避灾，我们盼望国难早日解除，倒也可以牵缀上登高的意义。……我们登上了宣武门城楼，东望炊烟四起，好像遍地是烽火，两人都有说不出的感慨。[80]

齐白石即景赋诗曰：

东望炊烟疑战云，
西南黯澹欲黄昏，
愁人城上余衰草，
犹有虫声唧唧闻。

百尺城门卖断砖，
西河垂柳绕荒烟，
莫愁天倒无撑著，
犹峙西山在眼前。[81]

这是讽刺那些在国家危亡的关头，仍妄想依赖国联调查团的力量，抑制日本军阀侵略的腐朽官僚们，指出这无异于与虎谋皮。

一天，画家胡佩衡送来自己画的山水画，请齐白石题诗。看着画卷上如画的山川，想到如今已惨遭帝国主义蹂躏的国土，他伤心欲绝，挥泪成书：

对君斯册感当年，
撞破金瓯国可怜；
灯下再三挥泪看，
中华无此整山川。[82]

白石又为《鸬鹚舟》画幅题诗道：

大好江山破碎时，
鸬鹚一饱别无知；
渔人不识兴亡事，
醉把扁舟系柳枝。

以此影射那些腐朽的官僚大亨，不顾民族的存亡，人民的死活，依旧躲在后方过着纸醉金迷的生活，饱食终日，无所用心，他们正像贪食的鸬鹚一样，一饱别无所知，即使宰割临头，也仍然麻木不仁。还有另外一种人，他们简直比鸬鹚还不如，他在《跋苦禅画食鱼鸟》中说：“此鸟食鱼也，有时河涸江干，或有饿死者，渔人以其肉饲其饿者，饿者不食，故有谚云：‘鸬鹚不食鸬鹚肉’”。而今有些人竟与日寇狼狈为奸，助纣为虐，鱼肉自己的骨肉同胞，这种人面对鸬鹚，亦当有愧色。

1931 年，齐白石得曾孙，取名耕夫，此系长子良元的次子所生，齐白石的家庭已是四世同堂。

不知不觉，齐白石居京已10余年，他思念故乡的山清水秀，思念家乡的一草一木，“小院无尘人迹静，一丛花傍碧泉井。鸡儿追逐却因何，只有斜阳蝴蝶影”。可现在已不可得也，身居万人如海的大都市，噪市喧闹，他多想回到大自然中去洗涤身心。亲戚张沧海先生为他提供了一处消暑地方。

张园在左安门内新西里三号，原是明朝著名军事家袁崇焕的故居，园内有听雨楼。此园虽处都市，却有山林意趣。站在听雨楼上，西望天坛的森森古柏，一片苍翠欲滴。天气晴朗的时候，还能望见高耸云际的翠微山峰。远山近林，婉如天开画屏。雨过天晴，落照残虹，映得半天朱霞，绚烂成绮。附近小溪环绕，点缀着几个池塘，绿水涟漪，游鱼可数。溪上阡陌纵横，稻粱蔬果，豆棚瓜架，叱犊呼耕，俨然是江南水乡风景。张沧海先生特地把后跨西屋三间给齐石白住，又划了几丈空地，供白石种花种菜。每逢夏天，齐白石常去避暑，园中草丛里虫豸跳跃，池塘里鱼虾游动，都为白石提供了生动的绘画形象。齐白石当时画了10多幅草虫鱼虾，其中一幅多虾图，自认为是生平画虾最得意的一幅。齐白石画虾多年，经过苦心琢磨，终于独成一体，受到人们的赞誉。自称“吾画虾几十年始得其神”，“人家都喜欢我画的虾，可是，这几笔虾也经过几十年长期工夫才能得其精神的！”“余之画虾已经数变，初只略似，一变毕真，再变色分深淡，此三变也。”他还说：“我画的虾和平常看见的虾不一样，我追求的不是形似，而是神似。所以，画出虾来是活的。”齐白石一生画过很多幅虾，浓淡几笔的墨虾深受世界人民的喜爱。

1932年，齐白石70岁。正月初五，齐白石的得意门人瑞光和尚去世了。齐白石非常痛惜，前往莲花寺哭了一场。

这件事让齐白石受了点刺激，觉得人是早晚要死的，自己已是70岁的人了，还有多少日子可活呢！这几年卖画教书，刻印写字，收入颇丰。现在身体一日不如一日，风烛残年，还在为衣食劳累，值得吗？于是画了一幅息肩图，并题诗说：

眼看朋侪归去拳，
那曾把去一文钱，
先生自笑年七十，
挑尽铜山应息肩。

但并没实施，画笔、刻刀几乎是没曾停过。齐白石的女儿齐良怜曾回忆道：

> 父亲每天从早到晚，总是在作画刻印，还应付不下求画的门客。在我的记忆中，他早期的笔润，是每尺宣纸银元二元，后来加到五元，画红色较多的花卉，以及山水、人物、工笔草虫等，特别增收一成，后来通用法币和金元券、银元券，也还是按银洋的润例折算的。照说父亲每天的收入，很是可观，可是他总是和我们说他没有钱，但是我们都知道他一有整数的银洋和钞票，便默默地藏起来的秘密，有时我们向他要点零花钱，他便会说："常将有日思无日，莫把无时作有时。"父亲一生节俭所恪守的正是这两句格言。[83]

齐白石的一生中，除几次大病，几乎就没停过画笔，正如他自己在诗中所说：

铁栅三间屋，
笔如农器忙；
砚田牛未歇，
落日照东厢。[84]

一次，因来客要画，整整忙了一天没得休息，晚上疲倦至极的白石作诗自嘲：

一身画债终难了，
晨起挥毫夜睡迟。
晚岁破除年少懒，
谁教姓字世都知。[85]

齐白石一生勤俭，清白正直，从不奢求，不苟取也不苟予。

齐白石定居北京以后，一次，同乡宾恺南从湘潭到北京，白石在家里请他吃饭。席间他对白石说："你的画名，已是传遍国外，日本是你发祥之地，离我们中国又近，你何不去游历一遍，顺便卖画刻印，保管名利双收，饱载而归。"而齐白石则说："我定居北京，快过九个年头啦！近年在国内卖画所得，足够我过活，不比初到京时的门可罗雀了。我现在饿了，有米可吃，冷了，有煤可烧，人生贵知足，糊上嘴，就得了，何必要那么多钱，反而自受其累呢？"[86]齐白石这样淡薄名利，不是一般穷苦出身的人所易做到的。

齐白石卖画和印，从不看重门客的贵贱，无论何人都一律对待。曾有一贵夫人到白石家买一幅画，问多少钱，齐白石说："这是二尺画，十块银洋，我不会因为你是某夫人而多要钱，也不能因为你是某夫人而不收钱。"诚实坦率、刚正不阿，这是齐白石的性格。又一次，湖南同乡李将军因久慕白石大名前来拜访，据人家介绍说，这位将军很有操守。齐白石听了，便默默地画了一幅画，并问李将军是否有别号？李将军连忙说没有带钱，很不好意思。齐白石说："你是一个清官，我钦佩你，这幅画是送给你的。"齐白石的画，从不轻易送人，像李将军所得，真是百难一见。

齐白石不喜欢人们送礼给他，大门口贴着这样的告白："我画画卖钱，送礼者决不受，门房谨知。"中国人自古就讲"礼尚往来"，人家送他礼，他必须还人家画，如此往来，不胜其烦。再说，送礼对齐白石来讲，也是一种浪费。齐白石对人家送给他的礼物都舍不得食用，诸如水果之类，收藏久了便要腐烂，等他发现时已不能食，只能自叹可惜。

齐白石待人很有分寸，凡是客人来访，经过门房通报后，就传知接见。一般的客人，都以茶招待。比较亲热一点的戚友，就飨以饼干、瓜子、落花生等食品。他自己也很喜欢吃一种"半空"的落花生。这种落花生，在北平买起来很便宜，吃起来有一种特别的香味。逢有亲密的朋友来访，齐白石便会请到饭馆里去吃便饭。北平西长安街一家四川馆庆林春，是他常去的地方。这家馆子熟知齐白石节俭的性格，饭前饭后吃的瓜子和水果，都由齐白石自备，吃不了的菜，自动给白石送到家中。[87]

齐白石对戚友的亲疏分得如此清楚，对于敌我更有清醒的认识。"九·一八"事变后，战火愈烧离平津愈近，京城人心浮动，富有之家，纷纷南迁。在北平，敌方人员往来不断，其中不少人来齐白石家拜访。齐白石在自述中回忆道：

有的送我些礼物，有的约我去吃饭，还有请我去照相，目的是想白使唤我，替他们拚命去画，好让他们带回国去赚钱发财。我不胜其烦，明知他们诡计多端，内中是有肮脏作用的。况且我虽是一个毫无能力的人，多少总还有一点爱国心，假使愿意去听从他们的使唤，那我简直对不起我这七十岁的年纪了。因此在无办法中想出一个办法：把大门紧紧地关上，门里头加上一把大锁，有人来叫门，我先在门中看清是谁，能见的开门请进，不愿见的，命我的女仆，回说“主人不在家”，不去开门，他们也就无法进来，只好扫兴地去了，这是不拒而拒的妙法。在他们没有见着我之时，先给他们一个闭门羹，否则，他们见着了我，当面不便下逐客令，那就脱不掉许多麻烦了。[88]

齐白石的爱憎是分明的。

齐白石画山水画，大约是30岁以后的事，当时学画，主要靠临摹，脱不出“四王”的圈子。40岁以后，足迹遍天下，画风为之一变，学石涛、罗两峰、金冬心等人，50岁前后画出的《借山图卷》受到陈师曾的赞誉。60岁以后，山水画风格更加成熟，但他轻易不画，每画必是精心之作。

齐白石画山水，布局立意，总是反复构思，不愿落入前人窠臼。他反对死临死摹，曾说：“山外楼台云外峰，匠家千古此雷同。”“一笑前朝诸巨手，平铺细抹死工夫。”深以“作画空言六法，而不能形神俱似”为耻。定居北京以后，他曾在润格中订明不再为人画山水：

余画山水二十余年，不喜平庸。前清以青藤、大涤子外，虽有好事者论王姓（王翚）为画圣，余以为匠家作。然余画山水绝无人称许，中年仅自画借山图数十纸而已，老年绝笔。[89]

1928年，画家胡佩衡编辑《湖社月刊》的雪景专刊，专门请齐白石画一幅雪景。白石推辞不过，画了一幅《雪景》，画面枯笔勾勒，借地为雪，焦墨双松，红衣老人，策杖独行，自然生动，淡墨笔染，古朴浑厚，气象高古。他在画卷上题跋云：

余数岁学画人物，三十岁后学画山水，四十岁后专画花卉虫鸟。今冷庵先生一日携纸委画雪景，余与山水断缘已二十余，何能成画？然先生之来意不可却，虽丑绝不得已也。[90]

1932年，为答谢诸名家为《白石诗草》题诗，齐白石破例画了几幅山水画。给吴北江（闿生）画的是《莲池讲学图》，给杨云史（圻）画的是《江山万里楼图》，给宗子威（威）画的是《辽东吟馆谈诗图》，给赵幼梅（元礼）画的是《明灯夜雨楼图》，给李释堪（宣倜）画的是《握兰簃填词图》，这几幅均为齐白石的经意之作。

1933年，经张次溪编辑的《白石诗草》八卷刊行，收录的是齐白石1902年以前及1914年以后所作之诗。樊樊山为之序云：“凡此等诗，看似寻常，皆从刿心钵肝而出，意中有意，味外有味”。收入的诗比较多。

齐白石刻的印深受世人喜爱。“最早是走的丁龙泓、黄小松一路，继得《二金蝶堂印谱》，乃专攻赵㧑叔的笔意。后见天发神谶碑，刀法一变，又见三公碑，篆法也为之一变。最后喜得秦权，纵横平直，一任自然，又一大变”。[91]晚年，他的刀法纯任自然，独创一格，名气很高。他说：

篆刻小技人拾者则易，欲自立成家，至少辛苦半世，拾者至多半年可得皮毛也。[92]

齐白石的篆刻，深得秦汉碑版的刻印传统，并有创新。1921年他在为陈曼生印拓题字时写道：

刻印，其篆法别有天趣胜人者，维秦汉人。秦汉人有过人处，全在不蠢，胆敢独造，故能超出千古。余刻印不拘前人绳墨，而人以为无所本。余尝哀时人之蠢。不知秦汉人，人子也。吾侪，亦人子也。不思吾侪有独到处，如令昔人见之，亦必钦佩。[93]

齐白石认为，刻印就如同写字一样。写字，下笔则不重描，刻印，一刀下去，决不回刀。他的刻法是纵横各一刀，只有两个方向，不同一般人所刻的，去一刀，回一刀，纵横来回各一刀，要有四个方向。他说：

篆法高雅不高雅，刀法健全不健全，懂得刻印的人，自能看得明白。我刻时，随着字的笔势，顺刻下去，并不需要先在石上描好字形，才去下刀。我的刻印，比较有力，等于写字有笔力，就在这一点。常见他人刻石，来回盘旋，费了很多时间，就算学得这一家那一家的，但只学到了形似，把神韵都弄没了，貌合神离，仅能欺骗外行两已。他们这种刀法，只能说是蚀削，何尝是刻印。我常说：世间事，贵痛快，何况篆刻是风雅事，岂是拖泥带水，做得好的呢？[94]

曾有门人罗祥止，“欲穷刻印之绝法，愿见当面下刀。余随取自藏之印石，且刻且言，祥止惊谓：‘如闻霹雳，挥刀有风声，’遂北面执弟子礼。”[95]

齐白石在33岁前后所刻印章，都是自己的姓名，仅用在诗画方面，刻的虽不多，但渐渐积累，收藏的印石有300来方，于是自名为“三百石印斋”。1899年，刊出第一套印谱：《寄园印存》。1904年二出二归后，刊出第二套印谱《白石草衣金石刻画》，王湘绮为之撰写序文。1909年刻出第三套印谱，仍名《白石草衣金石刻画》。1917年在家乡兵乱中，印拓全部失落。齐白石60岁时，自刻自用的印章多了，其中有十分之二是名贵的佳石。1926年、1927年战乱中，这些印石全部被兵匪抢走，这是他生平最大的恨事。1928年，齐白石把定居北京后所刻之印拓存四册，名之为《白石印草》，卷首仍用王湘绮所写的序文。1933年，齐白石又从1917年以后所刻的3000多方印中选出234印，亲自用朱砂泥重行拓存成《白石印草》，仍冠以王湘绮序，并有自序。齐白石又把1931年至1934年所刻的拓本，装成十册。1934年始称"三百石印富翁"。

1933年3月，日军攻占了热河。5月31日，国民党政府派熊斌与日本关东军代表冈村宁次在塘沽签订了丧权辱国的停战协定，是为《塘沽协定》，华北主权丧失殆尽，平津危急，京城人心惶惶。齐白石应门人纪友梅之邀，到东交民巷寓所去避居，20余天后返回跨车胡同十五号。

这一年的12月23日，是齐白石祖母马孺人120岁冥诞的日子，齐白石在家中设祭，延僧诵经，并附文道：

> 祖母齐母马太君，今一百二十岁，冥中受用，外神不得强得。今长孙年七十一岁，避匪难，居燕京，有家不能归，将至死不能扫祖母之墓，伤心哉！[96]

他是借此抒发自己思乡忧国的感情。

1934年4月21日，宝珠又生了个男孩，取名良年，号寿翁，乳名小翁子。

1935年，齐白石73岁。从这一年开始，齐白石感觉体力不如从前了，右半边身体从臂膀到腿部，经常觉得酸痛，还有头晕的现象，请大夫诊治了几次，没有明显的好转。

4月1日，齐白石携宝珠回湘潭老家，3日回到自己日夜思念的故乡。离家快20年的齐白石，看着那熟悉的一草一木，听着那亲切的乡音，感慨万分。房屋还是旧日的房屋，自己亲手栽种的果木花卉依旧茂盛，只是又添了许多自己不认识的孙辈、外孙辈以及外甥。春君由于过度的操劳显得苍老、瘦弱，她已经74岁了。清明节那天，齐白石带着他的子孙们祭扫了先人的坟墓。住了3日之后，齐白石和宝珠悄悄地离去了，他不忍心和及暮之年的春君告别，不忍心再看她流离别的眼泪。14日齐白石返回了北京。

社会动荡，不断的战乱，京城的治安状况很差，人人自危。齐白石住的跨车胡同的房子，东面临街，出于安全的考虑，装上了铁栅栏，晚上拉开加锁，白天打开。农历六月初四那天早晨，齐白石听到外面狗叫得厉害，吵得心烦，于是起床去驱赶，不想走得急，脚碰到了铁栅栏的斜撑，一跤栽了下去，腿部一阵剧痛，关节脱臼，请来正骨大夫敷药推拿，百日才愈。

人总是要老的，齐白石对这一点看得很开。1936年清明节前，张沧海邀齐白石到张园参拜袁崇焕遗像。那天到的人很多，其中有齐白石熟悉的陈师曾的父亲陈散原先生，还有杨云史、吴北江等。席间闲谈，齐白石说："我想在西郊香山附近，觅一块地，预备个生圹。前几年，托我同乡汪颂年写过'处士齐白石之墓'七个大字的碑记。墓碑有了，墓地尚无着落。拟恳诸位大作家，俯赐题词，留待他日，俾光泉壤。"聚后几日，作家们的诗词就都寄来了。

4月，四川的朋友来信，请齐白石到风景秀丽、物产丰富的天府之国游玩。齐白石早就想到四川看看，领略一下长江的恢宏气势，欣赏蜀中的奇山美景。再加之宝珠是四川人，结婚20年了，齐白石从没陪她回过娘家，这次正好是个机会。于是他携宝珠，带着良芷、良年两个孩子，离开北平南下武汉，再搭乘太古公司万通轮船，西去四川。沿途经沙市，过万县，泊武陵，抵嘉州，到丰都县转斗桥胡家冲住了3天，祭扫宝珠母亲的墓。为此，白石作诗曰："为君骨肉暂收帆，三日乡村问社坛，难得老夫情意合，携樽同上草堆寒。"接着到重庆，宿内江，最后抵达成都。在成都，齐白石受到了人们的热烈欢迎，有齐白石在国立艺院和私立京华美专教过的学生，也有神交多年的金松岑、陈石遗，尤其是还结识了中国近现代画坛上与齐白石同样享有盛誉的黄宾虹。

在蜀中，齐白石游了青城山和峨嵋山，观了三峡。川中美景给他留下了难以忘怀的记忆，他写下了一些感人的诗句，一首《过巫峡》抒发了他的感受：

怒涛相击作春雷，
江雾连天扫不开；
欲气赤乌收拾尽，
老夫原为看山来。[97]

注释：

[1] [3] [4] [5] [6] [9] [10] [11] [14] [16] [19] [20] [24] [25] [26] [28] [34] [37] [38] [50] [70] [71] [72] [78] [80] [86] [88] [91] [94] [96] [97]《白石老人自述》第 54 页、第 55 页、第 56 页、第 56 页、第 56 页、第 57 页、第 58 页、第 58 页、第 59 页、第 63 页、第 64～65 页、第 60 页、第 65 页、第 67～68 页、第 69 页、第 70 页、第 71 页、第 72 页、第 73 页、第 75 页、第 78 页、第 77 页、第 77～78 页、第 82 页、第 84 页、第 79 页、第 88 页、第 90 页、第 92 页、第 91 页、第 95 页。

[2] 明·董其昌《画禅室随笔》。

[7] [8] [15] [17] [18] [21] [22] [23] [48] [49] [51] [52] [53] [54] [55] [56] [57] [58] [59] [60] [61] [62] [63] [69] [73] [74] [75] [76] [82] [84] [85] [89] [90] [93] [95]《齐白石谈艺录》第 63 页、第 54 页、第 59 页、第 60 页、第 72 页、第 32 页、第 6 页、第 6 页、第 17 页、第 17 页、第 30 页、第 26 页、第 27 页、第 26 页、第 46 页、第 35 页、第 79 页、第 79～80 页、第 39 页、第 41 页、第 40 页、第 34 页、第 52 页、第 40 页、第 15 页、第 58 页、第 15 页、第 11 页、第 93 页、第 2 页、第 2 页、第 30～31 页、第 17 页、第 31 页、第 20 页。

[12] 明·李日华《墨君题语》。

[13] 见《石涛画语录》。

[27] 转引自《中国史纲要》第四册第 155 页。

[29] [30] [31] [32] [33] 王伯敏主编《中国美术通史》第七卷第 117 页、第 118 页、第 119 页、第 118 页、第 118 页。

[35] 康有为《万木草堂藏画目》。

[36] 转引自张少侠、李小山《中国现代绘画史》第 19 页。

[39] [42] [43]《白石诗草二集自序》。

[40] [41] 易恕孜《白石老人生平略记》。

[44] 陈独秀《美术革命》,《新青年》第 6 卷第 1 号。

[45] 徐悲鸿《中国画改良论》1920 年 6 月 1 日《绘学杂志》第 12～16 页。

[46] 陈师曾《文人画之价值》。

[47] 倪贻德《新的国画》，引自《艺术漫谈》。

[64] [65]《徐文长三集》卷五。

[66] 清·石涛《大涤子题画诗跋》。

[67]《齐白石画集·序》。

[68] 见王伯敏编《黄宾虹画语录》。

[77] 齐靖涛《忆叔曾祖父白石老人》。

[79] [81] 选自《白石诗草》。

[83] [87] 齐良怜《我的父亲齐白石》。

第五章　艰难时世

闭门不出

早年齐白石在长沙的时候，曾请沙贻上算过命。沙贻上说："在丁丑年，脱丙运，交辰运。辰运是丁丑年三月十二日交，壬午三月十二日脱。丁丑年下半年即算辰运，辰与八字中之戌相冲，冲开富贵宝藏，小康自可有期，惟丑辰戌相刑，美中不足。……交运时，可先念佛三遍，然后默念辰与酉合若干遍，在立夏以前，随时均宜念之。"还说："十二日戌时，是交辰运之时，属龙属狗之小孩宜暂避，属牛羊者亦不可近。本人可佩一金器，如金戒指之类。"[1]齐白石信了算命人的话，念佛、带金器，避见属龙属狗属牛羊的人，还在算命人批的命书的封面，写了九个大字："十二日戌刻交运大吉。"又在里面写了几行字道：

"宜用瞒天过海法，今年七十五，可口称七十七，作为逃过七十五一关矣。"

从1937年（丁丑）开始，齐白石就在自己的年龄上加了两岁，自称77岁。本书从这里开始，也按白石老人自署的年龄来写。

2月27日，宝珠又生了一个女孩，取名良尾，但生下没几日，就得病死了。

春天过后，齐白石带着7岁的女儿良芷又踏上了回湘潭老家的路。当时中国交通还不便利，铁路发展缓慢，乘客多而车次少，因而车厢里很挤。火车的椅子很硬，齐白石坐着，穿着红布衫的良芷在父亲身边站着。长途旅行很疲劳，再加上列车不断地摇晃，良芷竟站着睡着了。一觉醒来，才发现自己睡在父亲的座位上，而年迈的父亲却站着，父女情深，令人动容。

齐白石带着女儿去了星斗塘老屋，那是他出生的地方，有他童年的回忆，他要让女儿也体验一下。老屋已经很破旧了，木框的窗户虽精致却陈旧不全了，没有贴窗户纸。晚上屋里虽点了小油灯，仍显得很昏暗，阵阵山风刮过，送来零星的狗吠声，使人顿生凄凉之感。

离星斗塘不远，有一个叫柏树园的小山坡，下山坡过三角园再往北走便是蓼叶园，齐白石的祖母就葬在那儿。齐白石带着良芷祭扫了祖母的墓，讲祖母疼爱自己的种种事情，他的眼里含着泪花。年幼的良芷是体会不出父亲当时的心境的。她只觉得天气很暖，山坡上的花儿很红，老家的一切都很新鲜。齐白石还带着女儿在老屋前栽种了很多小树。

返京途中，白石又带着良芷顺路游了岳阳楼、洞庭湖和君山，还兴致勃勃地画了很多幅山水素描。

1937 年上半年，日本帝国主义加快了侵华的步伐，他们调兵遣将，加紧备战。在华北地区，日军已完成了对北平的三面包围，只剩下西南的交通要道卢沟桥。卢沟桥位于宛平县城郊外，宛平城虽小，却是个用兵要地，是北平的屏障，失掉它，北平就无险可守了。因此，日军决定占领卢沟桥，封闭北平的南大门，以孤立平、津。

7 月 7 日这天刚好是小暑，天气很热。后半夜，驻丰台日军借口一名士兵失踪，要求进宛平县城搜查。这种无理要求，遭到了中国驻军的拒绝。为此，日军炮击宛平城，攻击卢沟桥，悍然发动了大规模的侵略战争。中国驻守卢沟桥的第二十九军三十七师第一一〇旅，在旅长何基沣的指挥下，奋起抵抗。这就是著名的“七七卢沟桥事变”。中国的全面抗战开始了。

事变发生后，北平、天津、保定等地的人民和群众团体，迅速行动起来支援二十九军。日军蓄意挑衅，战还在不断地扩大，接着日军轰炸了西苑和南苑，情势十分紧张。7 月 8 日早晨，齐白石从报纸上得知了事变的消息。过了两天，忽然传来了讲和的消息。但不久夜里又听到广安门那边有激烈的枪声，如此打打停停、停停打打。7 月 28 日，日军又增调了 5 个师团，共 10 万人向南苑中国军队发动猛烈进攻，并出动飞机进行轰炸。二十九军官兵英勇反击，副军长佟麟阁、师长赵登禹阵亡。7 月 30 日北平、天津相继陷落。国民党军队最终放弃了平津，撤向了内地。

北平陷落了，同胞遭受凌辱，陷入空前浩劫。齐白石第一次亲身体验到做亡国奴的痛苦和耻辱，所受的刺激是无法用语言来形容的。忧愤之下，齐白石决心避世，他毅然辞去了艺术学院和京华美术专门学校两处的教授职务，深居简出，不与外界来往。

9月，陈师曾的父亲、著名诗人陈散原先生逝世了。陈散原也是齐白石的朋友，1935年齐白石还为陈散原画过一幅肖像画。

1935年时，陈师曾的兄弟因为知道齐白石早年曾替人画过像，于是和陈师曾的夫人商量，想请白石为父亲散原老人画一幅肖像。当时齐白石已经73岁高龄了，求画的人很多，他的体力和目力日渐衰弱，不能过分劳累，所以润例甚苛，其中写道："山水人物、工细草虫、写意虫鸟皆不画。指名图绘，久已拒绝。"最后还注明："无论何人，润金先收。"在这种情况下，陈夫人与儿子陈封雄抱着试一试的心情来到跨车胡同。前来开门的是个尼姑模样的人，通报以后，齐白石破例接见了母子二人，知道来意，齐白石满口答应。于是陈夫人取出散原老人的一幅半身照片和100元润金。齐白石接过了照片，却未收润金，"师曾夫人所求，又是为师曾尊人画像，怎好要钱。"坚辞不受。

两个多月后，陈夫人去取画并向他致谢。齐白石已经40年没有画细笔肖像画了，这幅画着实让他费了不少工夫，戴了两副老花镜，画了许多天才完成。画得生动而形象。

如今是像存人亡了，想到亲朋故旧不断有人故去，想到处在危难中的祖国，齐白石忧心忡忡，心里有说不尽的苦处，为散原先生写挽联道：

为大臣嗣，画师爷，一辈作诗人，消受清闲原有命；

由南浦来，西山去，九大入仙境，乍经离乱岂无愁。[2]

是悼故人也是述自己的心情。齐白石感念陈师曾生前对他的情谊，亲自到陈散原的灵前行了礼，这是北平沦陷后他第一次跨出自家大门。

1938年的一天，瞿子玖的儿子瞿兑之来到齐白石的家，请白石画一幅《超览楼禊集图》。这幅画是1911年白石与王湘绮同饮于瞿家超览楼赏樱花海棠后答应画的，但一直没画。如今瞿兑之来请，白石欣然命笔，补画了《超览楼禊集图》，了却了自己的一桩心愿。

这一年的6月23日，宝珠生了个男孩，这是齐白石的第七个儿子，也是宝珠生的第四个儿子。齐白石老年得子，喜悦的心情难以形容，他在日记中写道：

二十六日寅时，钟表乃三点二十一分也。生一子，名曰良末，字纪牛，号耋根。此子之八字：戊寅，戊午，丙戌，庚寅，为炎上格，若生于前清时，宰相命也。[3]

又在他的命册上批道：

字以纪牛者，牛，丑也，记丁丑年怀胎也。号以耋根者，八十为耋，吾年八十，尚留此根苗也。[4]

因为良末生在多灾多难的年月，齐白石还特地为他留诗一首：

锦绷珍重小儿曹，
富贵何如隐逸高；
养犬勿伤钱树子，
年深防倒莫争摇。

齐白石对这个小儿子特别钟爱。后来宝珠去世，他就把良末带在身边，父子俩晨夕相依。

齐白石对子女的管束一向很严，不仅要求他们生活上要朴实，即是日常行止，也都亲自监督。每天晚上 8 时过后，便把大门锁好，不许子女们晚出，并再三叮嘱门房老尹做他的耳目。老尹是清朝的太监，很忠于这份工作。

齐白石很重视子女的教育。他不能忘怀自己幼时因家贫辍学的经历，子女们到了上学的年龄后，他便把他们送进学校读书。他教育子女的方式是多样的，不仅让他们受到良好的正规学校教育，还言传身教做人的道理。夏季晚饭后乘凉的时候，他常常给孩子们讲故事。每当这个时候，孩子们就高兴地围在他的身边，轻轻地为他扇着扇子，静静地听他讲述早年经历的往事。

齐白石教育孩子很耐心。齐良末 8 岁的时候，齐白石就为他留了作画的范本并在上面题了字。他还为良末书写了“余年还望汝光前”的字幅，勉励他努力绘画。到良末 10 岁时，齐白石把着手教他画《钟馗捉鬼图》，并画出钟馗手臂的图样，指出钟馗的手臂应如藕之有节。良末攻山水、人物、花卉，追求齐派风格。1981 年 10 月他应邀赴日本，为庆祝中日恢复邦交 15 周年举行的现场笔会作画。1987 年 11 月应邀赴马来西亚参加国际博览会。齐良末热心慈善事业，曾多次捐画。

在齐白石的熏陶下，子女们大都能画，其中能模仿他绘画、刻印的有好几个人，三子良琨、五子良已较有名气，可以乱真。齐白石晚年有

“吾画遍行天下，伪造居多”的石印一方，藉示门客不要在他儿女的手头买画，以防假冒。

12月14日，齐白石的第四子良迟的长子出生。良迟当时只有18岁，娶献县纪文达后裔纪彭年的次女为妻。宝珠只有37岁就作了祖母。齐白石为这个孙子取名秉声，字隐闻。秉声自幼酷爱绘画，得齐白石亲授。10岁时，齐白石特赐印章两方：一方为“白石第十二孙”，一方为“齐秉声”，作为尔后绘画之用。秉声的创作受齐白石的艺术熏陶，领悟较深。作品笔触老辣，泼墨大胆，神趣充盈。1987年6月他应邀提供作品参加在日本举行的“中国现代书画美术展”，有作品多次参加国内外展出。

齐秉声出生的时候，正值白石的第六个儿子良年（即小翁子）病重，10天后不治而死，时年只有5岁。齐白石很喜欢这个孩子。小翁子刚3岁的时候就很懂事，见到爱吃的东西，从不争多论少，也不争先恐后，父母唤他才来，分得的还要留点给父母。齐白石常说：“孔融让梨，不能专美于前，我家的小翁子，将来一定是有出息的。”老年丧子，让白石如何能不伤心呢？

到这一年，不但上海、南京已经陷落，就连湖南湘潭也已落入敌人手中，半壁河山都在日寇铁蹄的践踏下。漫漫长夜，不知国土何时才能光复，白石的心情恶劣到了极点。从1923年开始记的《三百石印斋纪事》，到此时再也没有心思记下去了，于是停笔。

北平沦陷以后，齐白石忧愤交加，开始深居简出，很少与人往来，但是登门求见的人仍然很多。其中有不少是敌伪的大小头子，他们软磨硬泡，请白石吃饭，送白石东西，拉交情，套近乎，甚至有的人要求齐白石跟他们照相，邀请他参加各种庆典活动。但无论他们想什么办法，齐白石都严辞拒绝。齐白石深恨汉奸的卖国行径，也深恨日军的侵略战争，懒得跟他们多说废话，于是干脆在大门上贴了一张纸条，上书十二个大字：

> 白石老人心病复作，停止见客。[5]

齐白石确实是有点心脏病，游四川时，在船上曾发作一次，但不严重。他是以此为借口，避免和他们接触。齐白石所说的“心病”，是心忧祖国存亡，是语意双关的。齐白石一生铮铮硬骨，不卑躬屈膝，他贴的告白，正是他有中华民族血性和高尚民族气节的具体表现。

齐白石的生日到了，有很多人要来给他拜寿，当然绝大多数是当时的权贵。齐白石一概挡驾，不许开门，还责怪孩子们走漏了他生日的消息，招惹是非。

日本帝国主义的侵略，给中国人民带来了深重的灾难，物价飞涨，物资奇缺，人民的生活陷入极端困苦之中。齐白石如果不卖画刻印，就难以维持一家人的生活，于是又不得不在“停止见客”的字条上补写了几句：“若关作画刻印，请由南纸店接办。”那时候，有一些奸商投机倒把、发国难财之后，都想搞点名人字画挂在家里，附庸风雅，装点门面，所以白石的卖画生意很好，画都画不及。

1940 年的春节要到了，年已 80 岁的齐白石觉得体力大不如从前，忙了整整一年，想多休息几天，就又在门上贴出声明：“二十八年（1939 年）十二月初一起，先来之凭单退，后来之凭单不接。”

春节一过，为了生计，齐白石只好在正月里就重操旧业，卖画与人。不过在大门上又贴了两纸告白：

画不卖与官家，窃恐不详。

中外官长，要买白石之画，用代表人可矣，不必亲驾到门。从来官不入民家，官入民家，主人不利。谨此告知，恕不接见。[6]

他还声明：

绝止减画价，绝止吃饭馆，绝止照相。[7]

在绝止减画价的下面，又加了小注：“吾年八十矣，尺纸六圆，每圆加二角。”另又声明：“卖画不论交情，君子自重，请照润格出钱。”齐白石是以自己特殊的方式进行着抗争，与黑暗的邪恶势力作斗争。

齐白石尤其恨那些为虎作伥的翻译官，他们仗着日本人的势力，常到白石家讹诈，有的要画，有的要钱，有的以花言巧语来欺骗，有的是硬索强夺。齐白石不愿再见到这些人，更不愿自己的画落入这些民族败类的手里，就又贴出了告白：

切莫代人介绍，心病复作，断难报答也。

与外人翻译者，恕不酬谢，求诸君莫介绍，吾亦苦难报答也。[8]

日本投降后，这些字条从大门上揭下来，由齐白石的看门人尹春如保存。

一天，日本控制下的北平伪机关，派人把齐白石接了去，强迫他宣传所谓的“中日共荣”，宣传日本人的强盗理论。齐白石坚决拒绝，宁死不答应，因而被恼羞成怒的敌人扣留了3天，后来还是经人从中做好，才把他保释回家。他到家就愤然挥笔写下了“子子孙孙不得做日本官”的遗言，表示自己抗拒到底的决心。当时日本侵略军驻华北地区的军事指挥官坂原和土肥原贤二，曾多次派人到齐白石家，诱劝齐白石到日本去，加入日本国籍，他断然拒绝：

齐璜中国人，不去日本。你们要齐璜，可把齐璜的头拿去。[9]

掷地有声的话语，使诱劝者只好灰溜溜地去了。

1940年农历正月十四日，齐白石的妻子陈春君因病在湘潭老家去世，享年79岁。春君从13岁迈进齐家的门，几十年辛辛苦苦，任劳任怨，为孩子、为白石操尽了心。即使是在生命垂危的时候，仍念念不忘齐白石的生活，嘱咐自己的儿孙们，要好好侍奉齐白石，别惹白石生气。多么贤淑，多么感人！但遗憾的是，她临终之时，没能再见白石一面，这也是白石抱憾终生的一件事。

2月初，齐白石接到长子良元的信，才得知妻春君已离他远去，禁不住老泪纵横，几日吃不下、睡不着。夫妻相濡以沫多年，一朝死别，悲痛刻骨，心摧欲碎，白石做挽联以悼之：

怪赤绳老人，系人夫妻，何必使人离别；

问黑面阎王，主我生死，胡不管我团圆。[10]

又做《祭陈夫人》一文，叙说春君一生的贤德，留给子孙后辈。

春君辞世对齐白石的打击很大，使他忧国忧民之心，又添哀伤。家乡的亲人经常来信，询问他的生活起居情况，齐白石非常感动，曾作诗答道：

晚学糊涂郑板桥，
那曾清福及五曹，
老云扶病逃吞药，
小未啼饥苦骂庖。
名大都防人欲杀，
年衰常梦鬼相招，
寿高不死羞为贼，
不丑长安作饿饕。

春君去世不久，亲戚朋友们都劝齐白石把宝珠扶正。齐白石想到宝珠嫁进齐家20多年，勤俭柔顺，操持家务辛辛苦苦，应该得到赞赏。遂于1941年5月4日，邀请在北平的亲友20余人到家，参加胡宝珠扶正仪式。首先，齐白石分财产给儿子。齐白石共有7个儿子：齐良元、齐良黻、齐良琨、齐良迟、齐良已、齐良年、齐良末，其中，良年幼年夭折，良黻也已不在人世。齐白石卖画刻印，辛苦节俭几十年，积存了一些财产。他把它分成6股，春君所生的3个儿子良元、良黻（由其媳妇和孩子继承）、良琨，分得了湖南家乡的田地房屋；宝珠所生的3个儿子良迟、良已、良末继承北平的房屋及现款，并且立有分产业的字据，以资信守。财产分毕，接着就举行了扶正典礼。齐白石对此事非常认真，准备充分，仪式开始，他首先郑重声明："胡氏宝珠立为继室！"又请到场的20多位亲友签名盖印作证。齐白石又当着亲友和儿孙的面，挥笔在族谱上批明："日后齐氏继谱，照称继室。"宝珠素来体弱，那天却十分高兴，不知疲倦地招待亲友到深夜。

1942年，齐白石82岁。

早在30年代初，齐白石觉得自己已年逾古稀，来日无多，又逢连年战争，归乡无望，决定在京觅一处生圹。经人介绍，他看好了万安公墓。万安公墓位于香山附近，远处群山起伏，园内长松巨木郁郁苍苍，景色清幽。这是白石理想中的葬骨之地。他请同乡老友汪颂年写了墓碑，又请陈散原、吴北江、杨云史题词作纪念。后因种种原因，买墓地的事没办成。

1936年的冬天，齐白石又想埋骨在陶然亭边，"风景既优美，地点又近便，复有香冢、鹦鹉冢等著名胜迹，后人凭吊，倒也算作佳话。"[11]听说张沧海之子张次溪曾替人办成过，就托次溪代办，但因次溪不久就离开了北平去南京，此事就耽搁下来。1941年年底，张次溪回平探亲，齐白石又提及此事。经张次溪努力，陶然亭慈悲禅林慈安和尚愿意把亭东一段空地割赠，齐白石异常感激。

1942年正月十三日，齐白石携宝珠，带着小儿子良末，在张次溪的陪同下去看墓地。墓地高敞向阳，苇塘围绕，白石以为风水很好，遂议定。

自北平沦陷后，齐白石几乎足不出户，这次是抗战八年中，齐白石少有的几次出门之一。为此，他写诗、作词以寄托自己的心情：

重游陶然亭望西山

城郭未非鹤语，
菰蒲无际烟浮。
西山犹在不须愁，
自有太平时候。

又文曰：

“壬午春正月十又三日，余来陶然亭，住持僧慈安赠妥坟地事，次溪侄，引荐人也，书于词后，以记其事。”[12]

齐白石的儿孙们，大部分都在湖南老家，齐白石怕子孙们不听他的话，在他死后运柩回湘潭，或者改葬他处，又写了一张委托书与张次溪收存，以免他日节外生枝。委托书上写道：“百年后埋骨于此，虑家人不能遵，以此为证。”为纪念，张次溪请人画了一幅《陶然亭白石觅塘图》，并请名流题诗留念。

陈散原先生去世的时候，张次溪远在江南，没有拜奠。回京后，他拟前往长椿寺祭拜。齐白石知道后，也随次溪前往。齐白石是一个很重感情的人，无论到何时，他都牢记那些对他有过帮助的人。自1937年以后，齐白石就闭门不出，只是在得知散原先生逝世的消息，才破例出了一次门，前往祭奠。这次同张次溪一起到散原先生灵柩寄存的长椿寺凭吊，他又破例出门了。回到家中，白石老人仍心绪难平，挥笔画了一幅《萧寺拜陈图》送给了张次溪。这幅画是老人的得意之作，次溪很珍爱，请了不少名人题词，其中傅岳芬的题词最佳：

槃槃盖世一棺存，
岁瓣心香款寺门，
彼似沧州陈太守，
重封马鬣祭茶村。

拒售作品

1939年9月1日，德国法西斯进攻波兰，第二次世界大战开始了。1941年6月22日德国又悍然发动了对苏联的侵略战争。1941年12月

8日，日本法西斯偷袭美国珍珠港，发动了太平洋战争。太平洋战争的爆发，使整个世界战争格局发生了变化，在一定程度上减弱了中国正面战场的压力，有利于世界反法西斯战争的胜利发展。

日本帝国主义为了进行太平洋战争，确保在华北的占领地的稳定，在经济上残酷地榨取沦陷区，在军事上疯狂地进攻敌后抗日根据地，特别是加紧对华北解放区的“扫荡”和“蚕食”，大搞治安强化运动。敌人把华北划分为三种地区，分别施以不同的政策。在“治安区”（敌占区），以“清乡”为主，强化保甲制度，实行联保联坐，残酷镇压人民的反抗活动。在“准治安区”（游击区），以“蚕食”为主，积极扩大其占领区，大修碉堡、封锁沟、封锁墙，不断向根据地紧缩。在“非治安区”（解放区），以扫荡为主，实行“烧光、杀光、抢光”的“三光政策”，企图造成无人区，以消灭抗日军民的生存条件。抗日战争进入到了极端困难的时期。但英雄的中国人民没有被吓倒，他们不屈不挠，与敌人进行着艰苦卓绝的斗争。

1943年，卢沟桥事变已过去6个年头了。在这6年多的时间里，北平的百姓深深地体会到了做亡国奴的痛苦，天天提心吊胆，饥寒交迫，随时还可能有杀身大祸临头。在这样的环境中，爱国正直的白石老人更觉难过。尤其是敌伪借买画的名义，常来捣乱，令老人寝食难安。万不得已，老人在自家大门上，贴出了四个大字：

停止卖画

从此以后，无论是南纸店经手，或是朋友介绍，齐白石一概谢绝不画。老人宁可挨冻受饿，也决不去取媚那些日本侵略者、汉奸卖国贼。他说：

> 丈夫处世，即寿考不过百年。除老稚之日，见于世者，不过三十年。此三十年中，可使死重于泰山，可使死轻于鸿毛，是以君子慎之。[13]

他还画了一幅猴图，并在上面题道：

> 既偷走，又回望，必有畏惧。倘是人血所生，必有道义廉耻。[14]

一针见血，刻画出敌人的丑恶嘴脸。

12月12日，白石老人在生活中又遭不幸，继室胡宝珠病故，享年只有42岁。

宝珠自18岁来到齐家，20多年如一日，细心照顾齐白石的饮食起居，料理家务，养育子女，是个温柔贤淑的主妇。齐白石偶有不适，她则衣不解带，昼夜守护在身旁。平日里白石作画，她理纸磨墨，白石称她为“磨墨山姬”。天长日久，她不但能画几笔，还能指出白石画中笔法的巧拙。白石曾作诗称赞她说：

休言浊世少人知，
纵笔安详费苦思，
难得近朱人亦赤，
山姬能指画中疵。[15]

齐白石还曾作诗描述他作画时的生动情景：

谁教老懒反寻常，
磨墨山姬日日忙，
手指画中微笑道，
问鸥何事一双双。

白石衰年变法之后，在国际、国内艺坛都享有盛誉，他独具特色的“红花墨叶”画法，深受各阶层人们的喜爱。于是一些名利之徒开始伪造白石老人的画，手法高明，有一些作品达到了“乱真”的程度，使得一些白石艺术的忠实爱好者深感不安。白石老人也气愤异常，但又能怎样呢？他题花卉草虫册感慨道：

白石之画从来被无赖子作伪，因使天下人士不敢收藏。[16]

在题工笔草虫册页时又说：

予之画从借山馆铁栅门所去者无伪作，世人无眼界，认作伪作，何也？[17]

他还刻了几方印来表达自己既气愤又无可奈何的心情：“吾画遍行天下蒙人伪造尤多”、“吾画遍行天下伪造居多”、“有眼应识真伪”。

宝珠生活在白石身边多年，每天看白石的画，耳濡目染，具有比较高的鉴赏力，市场上冒白石老人之名的假画，她一眼就能分辨出。春君在世的时候，对宝珠很看重，白石老人在生活诸方面也依赖她，“我本想风烛之年，仗她护持，身后之事，亦必待她料理”。[18]但没料到，宝珠人方中年，竟然撒手人间，先白石而去，叫老人如何能不悲伤呢！

白石老人虽“停止卖画”，但一天也没有停止作画。“要每日作画，不教一日闲过”。在漫长的艺术生涯中，除了有几次特殊情况，如父母去世、自己病倒等外，白石老人每日都画，“少小挥毫到老时，功夫辛苦自家知”。

据《尚书故实》、《法书要录》所载，陈隋年间有书法家智永禅师，承继祖法，攻书甚勤，积年学书，存秃笔头十瓮，每瓮皆数石，后取秃笔头堆在一起，号为“退笔冢”，且自制铭志。笔冢之事，也曾有后人效仿，唐代书法家怀素就有秃笔成冢的故事。齐白石也曾破笔成冢，并自撰笔铭曰：

破笔成冢，于世何补。笔兮笔兮，吾将甘与汝终古。[19]

画虽然不卖了，但齐白石没有一天放下画笔。他把国家沦亡的愤恨、对民族前途的忧虑、对故乡的思念、对爱妻的怀恋，都倾注在诗、画及镌刻中。

白石老人刻有“叹清平在中年过了”一方印，叹世道的不平，怀念早年故乡的生活。一天晚上，白石老人躺在床上休息，忽然，他闻到了一阵阵的花香，室内无兰，何来香气？老人似乎又回到魂牵梦萦的故乡，第二天早起作诗说：

白石山前乱草堆，
昔年曾见好花开。
花魂昨夜犹缠我，
时有清香上枕来。[20]

老人曾画《蝴蝶》，并题诗曰：“世间迁变事都非，北舍南园梦不归。愿化此身作蝴蝶，林花放处作双飞。”[21]

越到老年，齐白石越是反复画那些生活情趣浓厚的东西，画那些早年常画的题材，他画鸟、画花、画鱼虾、画花卉，画那些充满乡土气息、富有民间味的东西。

白石老人常画的有鹰、乌鸦、八哥、喜鹊、鸡鸭、鸽子等。他画鹰，是赞美它搏击长空的雄伟气概；画鸽子是渴望没有战争的和平生活；画鸡鸭则表露他对生命的热爱、对生活的热爱。因此他的画能传神、能感人。传神还得益于老人对客观对象细致入微的观察。“我对鸡仔细观察和研究的时间比画鸡的时间多得多，所以才能有神。”[22]“余画小鸡二十年，十年能得形似，十年能得神似。”[23]《鸡雏》一图可以称得上是齐白石画小鸡的代表作。画中两只小鸡在争抢一条蚯蚓，竭尽全力、各不相让。画的上角题四个大字“他日相呼”，可谓寓意深刻。

白石老人画鸟，尤其重眼神的刻画。“画鸟的神气在于眼睛，是否生动在于嘴爪，至于形式、姿态、羽毛颜色比较是次要的。”又说：“正看着东西的动物，眼睛最难画，一定要叫它真看到才行。”[24]这和顾恺之“传神写照，俱在阿堵之中”的观点是一致的。

草虫在白石的笔下也充满了生命力，他画蟋蟀自记云：

> 余尝看见儿辈养虫，小者为蟋蟀，各有赋性。有善斗者，而无人使，终不见其能；有未斗之先张牙鼓翅，交口不敢再来者；有一味只能鸣者；有缘其一雌，一怒而斗者；有斗后触雌须即舍命而跳逃者。大者乃蟋蟀之类，非蟋蟀种族，既不善斗，又不能鸣，眼大可憎。有一种生于庖厨之下者，终身饱食不出庖厨之门。此大略也，若整述，非丈二之纸不能毕。[25]

他笔下的草虫，往往半工半写，把握得恰到好处。

白石画花，尤喜画梅、兰、菊、荷。这也是中国历代文人喜爱的题材，人们是借花喻志，表现高尚的节操和志趣。

白石喜爱梅花，喜爱梅花傲霜斗雪的铮铮铁骨和不居功、不争名的谦逊品格。元人王冕曾题《墨梅图》赞梅花：“吾家洗砚池头树，个个花开淡墨痕。不要人夸好颜色，留得清气满乾坤。”白石画红梅、画墨梅，喜悦时画，忧愤时画，梅是他无声的知己。他初画梅学宋代逃禅老人的笔法，以工笔来画，总觉不能抒写胸臆；后接受陈师曾劝告，改为写意笔法，枝干老硬，繁简得宜。他画梅题诗以咏志：

冰颜却厌雪同色，
绿萼犹嫌玉有瑕。
着尽胭脂铁骨在，
诸君莫认是桃花。[26]

赞红梅道：

东风无意到深林，
吹放胭脂出色新。
若与千红较心骨，
梅花到底不骄人。[27]

画《雪峰梅梦》并题：

护花何只隔银溪，
雪冷山遥梦岂迷。
愿化放翁身万亿，
有梅花处醉如泥。[28]

菊花是高洁的象征。宋人郎欣南曾作《寒菊》诗说："花开不并百花丛，独立疏篱趣味穷；宁可枝头抱香死，何曾吹落北风中。"白石老人喜欢菊花，他的菊图种类很多。他喜爱画的有花头如球，花瓣如舌，千叶重瓣等等。着色也十分讲究，最常用的是粉红色和正黄色，也用乳白、娇黄、朱红、墨绿、深紫色，还用墨来画菊："用意天工教守黑，世人却笑非颜色。花亦回头大笑人，倒吊起来谁滴墨。"

荷花出污泥而不染，是纯洁的象征。白石画荷取法于"扬州八怪"的李鱓和八大山人，但又独具自己的风格，"懊道人画荷过于草率，八大山人亦画此过于太真。余能得其中否？尚未自信。世有知者，当不以余言为自夸耳。"[29]白石画写意荷花，喜用拖笔画荷叶。他最拿手画秋荷，枯笔焦墨的莲蓬上或飞或立一蜻蜓，一写，一工，一简，一繁，境界萧爽。《红莲垂影》是幅意境很美的画，红莲在水中的倒影，引来一群蝌蚪。既不据诗，又不题诗，画上的诗意已经盎然了。这幅画是"意造从心百怪来"（白石诗句。百怪，意思是许多奇想）的得意之作。画家在题记中写道："麟庐弟得此缘也"，又补充一句："是何缘故，问麟庐、苦禅二人便知。"画的好处不用问，读者也会体味出来，诗情画意是这幅作品本身就具有的内在美。无论画中的情景是生活里存在过的，还是画家的妙想奇构，正如唐诗"姑苏城外寒山寺，夜半钟声到客船"，半夜有无钟声从没人考究过一样，并不影响诗画的神韵及其意境的感染力。作此画时，白石老人已 92 岁，他看待自然仍像孩子般天真，通过画把自己有情有趣的感知介绍给世人。白石老人还善用墨笔画荷。

诗人屈原曾以"秋兰兮清清，绿叶兮紫茎，满堂兮美人"这样的诗句咏兰，比拟自己的志洁行芳，给人以哲理性启示。在各朝各代的爱国文人中，有不少人善画兰花，以寄托自己幽芳高洁的情操，不随世浮沉的气节，以物载道，托物抒情。齐白石也喜画兰花，以兰花来象征自己的高风亮节，唤起人们的联想，进而把人们的思想引向高深的境界；用兰花格高韵胜的形象，表现自己不趋炎附势的磊落胸襟。他的兰花也含有鞭挞市侩庸俗、颂扬民族气节的深意。

齐白石的艺术能获得如此的成就，并深得人民群众的广泛喜爱，与他在作品中所表达和流露的深厚的民族情感、质朴的农民气质、孩子般的率直天真分不开。他毕生尤其是晚年的创作，所描绘刻画的都是他经历、体验过的对象，牧牛、砍柴、白菜、芋头、青蛙、雏鸡、油灯、课读，大凡他记忆中的农村生活，都被摄入他的画幅，都注入自己真挚的感情。他的回记、他的爱与恨、他的牢骚与幽默、他的人生体验和智慧，都质朴无华地熔铸于笔端。对土地、家乡、亲族和祖国山河草木的一片深情，都化作水墨和色彩的图画，从而构成与传统文人画常有的超脱避世、哀婉静观截然不同的精神特色，洋溢着健康、欢乐、诙谐、倔强、自足和蓬勃的生命力。

白石老人自卢沟桥事变后闭门不出，很多朋友都很关心他，他和文坛画界的朋友们还保持着往来。其中交往甚密的是北京画家胡佩衡，这个名字多次出现在白石的诗文中。

胡佩衡，蒙古族人，号冷庵，1891 年 7 月 8 日生于河北省涿州市，1962 年 3 月 16 日卒于北京。其父系文人，能书善画，家中亦有书画收藏。受其熏陶，胡佩衡自幼喜爱绘画，10 余岁始学山水画，勤奋用功，进步较快。15 岁后随李宝安学画，由临摹明清画家作品入手，继而涉猎宋元山水，尤其喜摹吴镇、王蒙、石涛、王翚诸家，打下了深厚的笔墨功底。又与画坛名家姜颖生、林纾等人来往，交流作品，切磋画艺，进而以传统技法对景写生，练习创作，画艺大进。1918 年，蔡元培在北京大学成立画法研究会，他被聘为中国画部导师，并受蔡元培嘱托，著《山水入门》，主编《绘学杂志》。这期间他还随比利时画家盖大士学习素描、油画、水彩画和图案等，并逐渐将其吸收融入山水画创作中。由此，他提出用传统方法写生，由写生而创作的主张。同时，他对以“四王”为代表的因循守旧的画风，进行了大胆的批判。1924 年著《冷庵画诣》，提出“法古与创作须交相为用”的绘画主张。1928 年出版了《王石谷画法抉微》。1934 年出版《画箑丛谈》。其间曾连续出版《胡佩衡画存》，并在北京的一些大学任教，同时开办个人国画函授学校，大力倡导、教授中国画。中华人民共和国成立后，胡佩衡经常深入生活，观察揣摸自然山川的四时变幻，所作山水画，笔墨娴熟，内容新颖，富有时代感。其作品多写北京郊区的山水景物，代表作有《西山丽景》、《野溪朝阳》、《丰沙线写生》等。1956 年赴湖南、贵州、广西等地旅行写生，作画甚多，并由人民美术出版社择其佳作出版《桂林写生》。此次旅行写生使他的画风为之一变，以后数年所画山水，意境清幽，老笔纷披，墨色浓黛，气势雄奇奔放，代表作有《江上晴帆》等。1957年北京画院成立，他当选为院务委员，任画师。同年又出版《我怎样画山水画》一书，总结他50余年创作山水画的经验体会。1958年出版《王石谷》，1959年与其子胡橐合著《齐白石画法与欣赏》，同年12月出版《山水画技法研究》。1960年与于非闇合作选订出版《芥子园画传》。1962年出版《胡佩衡桂林写生画选》。

齐白石与胡佩衡年龄相差近30岁，但在艺术上颇有共同语言，经常在一起探讨有关绘画方面的问题。齐白石没有专门的绘画理论著作，但他的很多论画散句，凝结了他的实践经验，往往三言两语便直探艺术真谛。如“写生我懒求形似，不厌声名到老低”，“我亦人间双妙手，搔人痒处最为难”，“逢人耻听说荆关，宗派夸能却汗颜”，“一笑前朝诸巨手，平铺细抹死功夫”。[30]在创作法则上，他的名言是：“作画妙在似与不似之间，太似以为媚世，不似以为欺世”。“作画要形神兼备，不能画得太像，太像则匠（匠气），又不能画得不像，不像则妄。”为达到神似，“要写生而后写意，写意而后复写生，自能形神俱见，非偶然可得也。”[31]这些表达其艺术主张的题句，都闪现出一个独创性画家的思想风采。

齐白石能获得巨大的成就，和他不慕富贵、甘于寂寞的人生追求分不开。在与胡佩衡、胡橐论画时，他说：

> 夫画道者，本寂寞之道。其人要心境清逸，不慕名利，方可从事于画。见古今人之所长，摹而肖之能不夸；师法有所短，舍之而不诽；然后，再观天地之造化，如此腕底自有鬼神。[32]

他还刻“寂寞之道”印一方，以明心志。

“若无新变，不能代雄”。齐白石的一生，总是不断地追求，不断地创新。齐白石78岁那年，曾为胡佩衡画一本册页，胡请白石画蚊子。蚊子是齐白石以前从未画过的，但他面无难色，挥笔就画出一只跳蛙扑吃蚊子的情景，栩栩如生，惊得胡佩衡拍案叫绝。白石老人也很高兴，题画道：“余第一次画蚊竟能稍似，冷庵……弟称之曰，万物富于胸中为画家殊不易也！”[33]

齐白石晚年已名播海内外，但仍很谦逊。他曾说：

艺术之道，要能谦。谦受益，不欲眼高手低，议论阔大，本事卑俗。有识如此数则，自然成器！[34]

白石老人有位门人王雪涛（中国现代国画家，曾任北京画院院长），善画菜。齐白石认为其画胜过自己，于是为其题画菜诗道：

难得风流不薄余，
垂青欲与古人俱。
他年画院编名姓，
但愿删除到老夫。[35]

戏言他年画院编排画家名册时，宁愿删除自己，也应保留王雪涛。足见白石老人对门人的器重和谦让的作风。

齐白石的艺术理论，如他的画、印、书、诗一样，也是质朴无华、言简意赅、意趣隽永、独树一帜的。虽无长篇累牍的鸿文大论，但三言两语，吐纳珠玉，也颇为可观。稍加归纳，即可窥察到其中内在的联系及其新颖独特的见解，且自成完整而独立的艺术理论体系。这是齐白石在创造性劳动过程中积累起来的丰富的艺术经验的结晶，“只字得来也辛苦”。齐白石的艺术理论，总是实实在在的，有感而发，有情可缘，有据可依，完全从中国绘画发展过程的大量事实出发，从自己切身的艺术体验出发，绝无故弄玄虚，言不及义之处。这不仅可以从他反复强调的天道酬勤、画道寂寞的主张中得到证明，而且可以从他高度重视艺术家的人品修养中得到论证。齐白石的艺术理论，总是变通的、辩证的，从不死守一隅，偏执一端。他主张取法古人，取法自然，但同时又强调不拘前人绳墨，变有法为无法。他要求学生从带有根本性的创作思想、创作态度上学习自己，极力反对学生从表面形式上模仿自己作品的一些皮毛。即如他本人所说：“学我者生，似我者死”。齐白石的艺术理论继承和发展了顾恺之以来的“迁想妙得”的艺术思想，十分强调“作画妙在似与不似之间”的原则，并且将这一原则建立在为社会生活服务的基础上。他反对迎合社会庸俗趣味的“媚俗”倾向，也痛斥自鸣清高、愚弄群众的“欺世”恶习，认为只有使作品达到“不似之似”、“天趣自然”的艺术境界，才能获得传诸后世的活力。齐白石的理论不机械地照搬古人，更不简单地重复自己，而是自觉地适应新时代的艺术潮流，充满了锐意求索的精神。他赞同并且引用了南朝肖子显的话：“若无新变，不能代雄”。正是基于这种认识，使他从理论到实践都有崭新的突破和重大变革。他注重气味，却与古代封建士大夫文人们“尚气”有着本质的不同。他一生以“通身有蔬笋气”自许，并公然在题识中宣布这通身的农家气味恰是他艺术作品的精灵所在。这在中国近、现代艺术发展史上确是难能可贵的，从而使他在很大程度上破除了昔日文人画家那种清高孤傲，甚至高居群众之上的思想樊篱，致使其理论独具质朴、明快、厚实、新鲜的特点。齐白石的艺术理论具有相当高的艺术思想水平和不可忽视的理论价值。[36]

齐白石很欣赏胡佩衡的画作，曾多次为其画题诗。在《题友人冷庵画卷》诗中说：

层次分明点画工，
启人心事见毫锋。
他年画苑三千辈，
个个无忘念此翁。

对胡佩衡的作品给予很高的评价，并认为胡的作品将受到后代画家的珍重。胡佩衡的儿子胡橐师白石，得到老人精心指点。

1944年，齐白石84岁。面对横行霸道的日本侵略者，老人满怀积忿，无可发泄，往往用诗与画寄托。这一年他画了不少抒泄亡国之恨的画，并题了诗。

白石老人作为一个爱国的和富有正义感的艺术家，作品向来是爱憎分明的。他曾多次画老鼠，如《灯鼠图》中，画一只老鼠鼓起两只豆粒般的眼睛，伸出前爪，正企图偷食灯油，同时题诗为记：

昨夜床前点灯早，
待我解衣未睡倒。
寒门只打一钱油，
那能供得鼠子饱？
何时乞得猫儿来，
油尽灯枯天不晓。[37]

又题《群鼠图》：

群鼠群鼠，何多如许！何闹如许！既啮我果，又剥我黍。烛灺灯残天欲曙，严冬已过五更鼓。

他还画了一张《蛤蟆图》，在上面题诗道：

四月池塘草色青，

聒人两耳是蛙鸣。

通宵尽日挝何益，

不若晨鸡晓一声。

老人虽闭门不出，但他知道敌人已经日暮途穷，严冬就要过去，胜利的曙光即将来临，特意画了《螃蟹图》来讽刺敌人：

处处草泥乡，

行到何方好！

昨岁见君多，

今年见君少。[38]

比喻敌人已经陷入我人民战争的泥潭，走投无路，灭亡在即，“看汝横行几时休”！

这一时期，齐白石画过多幅螃蟹，朋友们担心敌人借故寻事，就劝他明哲保身，不必这样露骨地讽刺。但他却不以为然：“残年遭乱，死何足惜，拼着一条老命，还有什么可怕的呢？”[39]

螃蟹也是齐白石最喜画的题材之一，他画的螃蟹独具特点。“余寄萍堂后，石侧有井，井上余地，平铺秋苔，苍绿错杂，尝有肥蟹横行其上。余细视之，蟹行其足一举一践，其足虽多，不乱规矩，世上画此者不能知。”[40]有了这样的细心观察，下笔才能淋漓尽致，神实气足。

齐白石在画《麻雀啄食图》时题道：

家雀家雀，东剥西啄；

粮尽仓空，尔曹何托？

很明显，白石老人把那些强盗、汉奸、贪官污吏，通通比作鼠雀之辈，虽寥寥几笔，短短数语，却画出了他们的嘴脸，勾出了他们丑恶的灵魂。

6月7日，齐白石忽然接到北平艺术专科学校（艺专本已升为学院，沦陷后又降为专科学校）的通知，叫他去领配给煤。北平沦陷后，各学校的大权，都操持在日本人手里，所聘的日本教员，也很有权势，人们见了多侧目而视。齐白石辞去艺校的职务已有7年，为什么还发给这份配给煤呢？齐白石深知这是日伪在收买人心，当即就去信拒绝：

顷接艺术专科学校通知条，言配给门头沟煤事。白石非贵校之教职员，贵校之通知误矣。先生可查明作罢论为是。[41]

在当时的北平，物资奇缺，煤很不容易买到，但齐白石不为名利所动，宁肯自己忍饥挨冻，也不向敌人妥协，表现了他清白的品格和热爱祖国的高尚民族气节。

9 月，朋友们为白石老人介绍了夏文珠女士照顾老人的生活起居。

1945 年 3 月 11 日，齐白石一夜辗转反侧，心绪不宁，及近天明才睡着。睡中做了一梦，梦见自己站在馀霞峰借山馆的晒坪边，看见对面小路上有出殡的过来，好像是要走到借山馆的后面去。殡后随着一口没有上盖的空棺，急急地向白石家走来。白石在梦中想，这是我的棺材，为何走得这样快？看来我是不久于人世了。心里一着急，就惊醒了。他愈想愈觉此事离奇，于是就做了一副自挽联道：

有天下画名，何若忠臣孝子；
无人间恶相，不怕马面牛头。

8 月 14 日，中国人民永远忘不了的日子，经过八年的浴血奋战，抗日战争终于取得了胜利，日本侵略军宣布无条件投降。人们熬了八年的苦，受了八年的罪，终于拨开云雾，重见天日，大家奔走庆贺，全国都沉浸在欢乐的气氛中。这一天，几个好朋友侯且斋、董秋崖、余倜相约来到白石家，白石留他们在家吃饭，同享胜利的欢乐，并作诗道：

柴门常闭院生苔，
多谢诸君慰此怀。
高士虑危曾骂贼，
将军识字未为非。
受降旗上日无色，
贺劳樽前鼓似雷。
莫道长年亦多难，
太平看到眼中来。

去留的选择

抗战胜利，国土光复，齐白石又恢复了卖画刻印的生活，琉璃厂的南纸铺，把齐白石的润格又照旧挂出来。这时是 1946 年年初，齐白石 86 岁。白石老人的第五个儿子良已当时就读于辅仁大学美术系。良已勤奋好学，平时白石老人作画，他常常站在身边，专心领会，经过白石的悉心指点，进步很快。他仿白石老人的作品达到了乱真的程度，求他画的人日渐增多，人们都夸他有“出蓝”之势。

北京的10月，秋高气爽，是景色最美的季节。这时南京方面来人，请白石南下参加中华全国美术会为他举行的作品展览。齐白石带着四子良迟、满子良末、门人王雪涛、护士夏文珠女士乘飞机到了南京。在南京，齐白石受到了人们的热烈欢迎，他的作品得到社会各界的赞誉。后又到上海办展。这次南行，白石共带去了200多幅画，全部都卖出了。

这次南下，令白石老人最兴奋的是见到了神交已久的朱屺瞻。

朱屺瞻是中国现代著名画家，号起哉，别号二瞻老民，1892年5月27日生于江苏太仓。他自幼酷爱书画，8岁起临摹古画，中年时期曾两次东渡日本学习油画，受塞尚、梵高、马蒂斯影响很深。后又转习中国画，擅长写意山水、花卉，间写人物，能将中西画法融为一体。

朱屺瞻的山水画朴拙淋漓，水墨腴润，喜作平坡近景，设色浓丽，尤其吸取油画技法，色调鲜明，众彩辉映，层次丰富。他又率先把丙烯色用于中国画。其大写意花卉，喜用浓墨、焦墨和重色，下笔酣畅，气势逼人，大叶枯藤，精力弥满。其造型稚拙，颇具童心，构图简洁，单纯中见丰富。

朱屺瞻所著《癖斯居画谭》，总结了他一生的创作经验，主张“画贵独立”，张扬个性。他到85岁前后进入创作的黄金时期，代表作为《墨竹长卷》、《幽兰长卷》、《水仙》、《泼墨山水》、《秋景山水》（1982年法国沙龙入选）、《盆蟹酒壶》、《浮想小写册》等，在中国画坛上是颇有个性的。他曾在上海、北京、广州等地多次举办个人画展，作品还曾在美国、日本、德国、新加坡及香港等地展出。

朱屺瞻与白石老人的忘年交，开始于这次谋面的数年前。一日，朱屺瞻去拜访徐悲鸿，在观徐悲鸿的画时，发现画上所用朱红色的名章，雄浑磅礴、淋漓沉著，艺术风格独特。经徐悲鸿介绍，朱屺瞻对齐白石产生了深深的敬意。第二天，朱屺瞻赶到荣宝斋，委托他们请齐白石治一方印。从此开始了他与白石老人多年的通信交往，他们的友情愈来愈深。白石先后为朱屺瞻治印60枚，为此朱屺瞻精心绘制了《六十白石印轩图卷》送给白石，以表达自己的仰慕之情。齐白石非常感动地在这幅长卷上作跋：

人生于世，不能立德立功，即雕虫小技亦可为。然为则易，工则难，识者尤难得也。余刻印六十年，幸浮名扬于世，誉之者故多，未有如朱子屺瞻，既以六十白石印自呼为号，又以六十白石印名其轩，自画其轩为图。良工苦心，竟成长卷。索余题记，欲使白石附此卷而传耶？白石虽天下多知人，何若朱君之厚我也。遂跋数语。甲申秋，八十六岁白石，尚客京华寄朱君海上。

字里行间，表现出白石老人对朱屺瞻的一片深情。

1938年，齐白石曾精心地为朱屺瞻画了一幅墨梅。这是他们二人都喜欢的题材。白石在画上题道：

屺瞻先生既索余画梅花草堂图并题诗句，又索刻石，先后约四十印。今又索画此墨梅小幅，公之嗜痂，可谓有癖矣。当此时代，如公之风雅，欲再约未必能有，因序前事，以记知己之恩，神交之善，非我多言也。戊寅春三月，齐璜白石居燕京第二十一年矣。

齐白石还为朱屺瞻刻过一方“第五知己”的印章，在另一印章的边款还刻了“屺瞻仁兄最知予刻印，予曾自创知有恩印，先生不出白石知己第五人。甲申，白石”的字样。

此次到上海办画展，两位知己终于谋面，白石老人真是开心极了。

抗战胜利后，人民渴望和平，渴望过上幸福安宁的日子。但国民党政府置人民的利益于不顾，又发动了内战。战争的阴云再次笼罩了祖国大地。国民党政府为进行内战，对百姓进行搜刮，各种苛捐杂税多如牛毛，物价飞涨，民不聊生。齐白石南行归来，带回了一捆一捆的“法币”，数目十分可观，可是拿到市场上去买东西，竟连10袋面粉都买不到。白石非常气愤，他在画白菜一图中题道：

朱门良肉在吾侧，
“口中伸手”何能得？
是谁使我老民良，
面皮变作青青色。[42]

他在题画渔翁时写道：

看着筠篮有所思，
湖干海涸叹何之，
不愁未有明朝酒，
窃恐空篮征税时。[43]

老人用自己的画笔，用诗揭露了国民党的黑暗统治。他还画了一幅《毕卓像》。

毕卓是晋朝人，好饮酒，常常酩酊大醉。后来官至吏部侍郎，不肯贪赃枉法，无钱买酒，只好夜间去偷邻居家的酒，醉后被人捉住，天明一看，竟是毕吏部，因而传为千古佳话。在齐白石的画上，毕卓酒醉面红，眼睛似睁似闭。尤其画上题款，富有深意：

宰相归田，囊底无钱，宁肯为盗，不肯伤廉。宁肯为盗难逃，不肯食民脂膏。

齐白石还画了《钟馗图》，上题："璜画此幅成，焚香再拜，愿天常生此人。"他希望人间有钟馗，扫除一切邪恶，让百姓过上幸福日子。

12月19日，齐白石的女儿良欢去世，年仅19岁。白石非常喜爱这个女儿。"良欢幼时，乖巧得很，刚满周岁，牙牙学语，我教她认字，居然识了不忘，所以乳名小乖。"宝珠去世后，良欢思念母亲，整日郁郁不乐，经常生病，日积月累，遂不治而去。白石"既痛她短命，又想起了她的母亲，衰年伤心，洒了不少老泪"。

这一年，远在湖南的齐靖涛结婚了，作为叔曾祖父的齐白石特意托人专程送去了一幅白绢帐帘，上面绘有一个大酒坛，几只螃蟹，13朵各色彩菊，左下角盖有一方寸半见方的大图章，上刻"一年容易又秋风"7个阳文篆字。这颗图章是齐白石专为画这幅画，在一天内赶刻出来的。这幅帐帘，齐靖涛一直舍不得挂，只有朋友来时才拿出来让他们欣赏。

1961—1962年，荣宝斋四次派人专程来湖南找齐靖涛夫妇，希望他们献出这幅画。最后一次，来人还给齐靖涛看了一份国务院的文件，说是遵照周恩来总理的指示来收集白石老人的画，要妥善保存在北京博物馆，希望能得到支持。荣宝斋是据齐白石的日记得知有这样一幅画的。白石老人在日记中说，这幅画上所用图章由于刻得匆忙，不太满意，所以只用了一次就把它毁了。这幅画特别宝贵之处在于：白石老人从不画绢，这是他生平仅有的一张。所以荣宝斋不惜四次来求。这样，齐靖涛便把这幅画献给了博物馆。

新中国建立后，齐靖涛在长沙任教，齐白石还从北京陆续给他寄了十几幅画，其中有"喜鹊含梅"、"鸳鸯戏水"、"蟹肥鱼壮"等。

1947年，齐白石87岁了。一次偶然的机会，女儿良芷回到了湖南湘潭老家。临行前齐白石一再嘱咐良芷，让她去看看大姐菊如。菊如嫁到了邓姓人家，很早就守寡，只带着儿子生活，依靠她家屋后的一片竹园为生，日子过得很苦。到湖南后，良芷去看望菊如。晚上，菊如家点的仍是油灯，屋里黑糊糊的，破窗的木条断了许多，远处断断续续地传来狗吠声。良芷虽不像小时那样害怕，但不免有一种凄凉感。良芷把爸爸和自己赠的银元交给姐姐，希望她的日子能过得好些。

良芷又回到了齐家老屋，看到屋前10年前父亲亲手栽种的树都已长大成材结果了。她还去看望了三嫂张紫环，张紫环在农村教小学。良芷又到齐家祠堂拜祭了祖先。这一次，良芷几乎走遍了齐白石所熟悉的地方，见到了所有齐白石思念的人。

良芷离开湖南后到了厦门。一天，从厦门大学的电台中，良芷听到了四哥良迟的呼唤。他是奉父亲齐白石之命寻找妹妹，劝她不要去香港，速回北京。不久，齐白石又寄给良芷一个小木箱，里面装着齐白石特意为她画的几幅画和两枚图章，其中一幅是《双鱼图》，上面用篆书写着“双鱼寄远”四个大字。

1949年齐良芷到了香港。为了谋生，她整日忙忙碌碌，不得片刻安闲。良芷本不想在港久留，加之思念父亲，思念亲人、朋友，不久便从香港飞回了北京。

看到日思夜想的女儿，齐白石非常高兴。听良芷讲述了家乡的情况后，他异常激动，提笔画了幅“晚霞红似火，归鸦绕树梢”的写意画，并题了诗，来抒发他对家乡无限眷恋之情。齐白石直到晚年，仍时常想起童年一起捉青蛙、捉虫子的小伙伴，想念故乡的一山一水、一草一木。每当他怀乡之情无法排遣的时候，便用画笔作画、挥毫作诗来表达和寄托，他的晚年几乎就是在这种情感中度过的。

1948年，蒋介石发动的全面内战进入到第三个年头，国民党的统治已全线崩溃。物价飞涨，法币贬值，几乎形同废纸。

> 一个烧饼，卖十万元，一个最次的小面包，卖二十万元，吃一顿饭馆，总得千万元以上，真是骇人听闻。接着又改换了金圆券，一圆折合法币三百万元，刚出现时，好象重病的人，缓过一口气，但一霎眼间，物价的涨风，一日千变，比了法币，更是有加无已。[44]

人们根本不敢把这种钱留在手中，一拿到钱就赶紧去买实物，出现了抢购风。投机倒把、囤积居奇的人比比皆是，有的人甚至异想天开，把齐白石的画也当作货物一样囤积起来。他们拿着大捆大捆的金圆券来订老人的画，一订就是几十张几百张。老人的案头积纸如山，每日挥毫也不能稍减。朋友开玩笑说："看这样子，真是'生意兴隆通四海，财源茂盛达三江'了。"但是，老人辛辛苦苦耗费心血所做的画，换来的只是一堆废纸，有时一张画还买不到几个烧饼。他只好长叹一声，再次在大门上贴出"暂停收件"的告白。

1948 年深秋，人民解放战争在各个战场上捷报频传。一天，北平的人们突然听到了一声震耳欲聋的巨响，房屋摇动，玻璃碎裂，国民党政府在南苑机场的军火库爆炸了，平津战役就要开始。

国民党的要员们纷纷逃离北平，城里出现了一片惊慌和混乱。南京国民党政府的教育部急电北平各大专院校南迁。形势日趋紧张。文化教育界的知名人士第一个坐飞机飞往南京的是北京大学校长胡适先生，他是从南苑机场起飞的。紧接着南苑机场被人民解放军的炮火封锁，致使国民党政府教育部派来接知名人士的专机无法降落，只好又折回南京。国民党政府不愿意专家们留下为共产党所用，于是先后在天坛和东单广场砍伐了大批树木，修起临时机场。南京第二次派来的飞机终于在临时机场降落，坐这批飞机去南京的有清华大学校长梅贻琦先生、北平师范大学校长袁敦礼先生、北平研究院院长李书华先生等。著名的艺术家、北平艺专校长徐悲鸿先生也被列在这批要接走的名单中，但是，他坚决拒绝了，他要留在北平。

两年来，常有人劝齐白石迁往南京、上海，还有人从杭州来，请他去主持西湖美术院，齐白石都婉言拒绝了。他说："北房南屋少安居，何处清平著老夫？"

战火一天天迫近北平，隐隐能听到远处隆隆的炮声。北平城里人心惶惶，有人造谣说，共产党有一个黑名单，进北平后，要把这批有钱人都杀掉，名单中就有齐白石。为此，老人忧心忡忡，不知等待自己的是何命运。在这关键的时刻，徐悲鸿和夫人廖静文来看望他了。

徐悲鸿是中国现代著名的画家、美术教育家，1895 年 7 月 19 日生于江苏省宜兴县，1953 年 9 月 26 日在北京病逝。其父徐达章是当地知名画师。徐悲鸿幼从家学，9 岁开始学画，17 岁在宜兴女子师范学校任图画教师。1916 年入上海震旦大学半工半读。1917 年赴日本学习美术，回国后任北京大学画法研究会导师。1919 年 3 月赴法国留学，入国立巴黎高等美术学校。1927 年回国后历任北京大学、桂林美术学院及前中央大学等校教授。新中国成立后任中央美术学院院长，中华全国美术工作者协会主席。徐悲鸿曾数度赴前苏联、意、法、德等国展览中国画。作为一个极富正义感的爱国画家，抗战期间，屡在国外举行画展，将画款捐献给危难中的祖国。在绘画创作上，他提倡写实，反对抄袭，反对形式主义。他吸收西方绘画的长处，继承我国民族绘画的优秀传统，创造出了自己的独特风格。他长于国画、油画、素描，造诣甚深。还兼画花鸟、风景、走兽，画马笔法奔放，尤有气势。徐悲鸿一生致力于美术教育，有自己的一套明确的、完整的美术教育主张。他强调师造化，重视绘画基本技能的训练，培养出了一批卓有成就的美术家。

1929 年 9 月，由蔡元培推荐，徐悲鸿受聘担任北京大学艺术学院院长。他提出了中国画革新的主张，反对保守主义，号召学习西方一些优秀的技法，使之与中国民族绘画的优秀传统相结合，创造出新颖的、有真感、有生气的中国画。在用人方面，他不墨守成规，当他发现齐白石在中国画方面的高深造诣后，力排众议，给这位在当时处境十分孤立的老画家以大力的赞誉和支持，并决定聘请齐白石担任艺术学院的教授。

在西单跨车胡同齐白石的画室里，30 多岁的徐悲鸿和 60 多岁的齐白石一见如故。他们谈画、谈诗、谈文章、谈篆刻，各抒己见，彼此有许多相同的看法。但当徐悲鸿提出聘请齐白石担任艺术学院教授时，他却婉言谢绝了。过了几天，徐悲鸿再次拜访齐白石，又提此事，仍被齐白石谢绝了。徐悲鸿没有灰心，第三次去敦请。

齐白石深深地被徐悲鸿的真诚感动了，决定应聘。徐悲鸿说："我一定在旁边陪着你上课。冬天，给你生只炉子，夏天，给你安一台电扇，不会使你感到不舒服。"

第二天清晨，徐悲鸿亲自坐了马车来迎接齐白石。齐白石特意穿了件宽大的缎子长袍，拄着一根手杖，和徐悲鸿一同登上了马车，来到了艺术学院的课堂。一堂课上得生动、圆满，学生们很满意，齐白石和徐悲鸿也都很满意。下课后，徐悲鸿又亲自把白石送回了跨车胡同。从此，这两位在当时享有盛名的艺术巨匠便成了莫逆之交，他们的友谊终身不渝。

1931 年，齐白石 69 岁时，徐悲鸿亲自登门多次，为齐白石画了一幅坐在椅子上的半身像。这是一幅油画，画得生动传神。

齐白石非常欣赏徐悲鸿画的奔马，喜爱那雄健奔腾的气势，也为徐悲鸿那高超的技艺所折服。他曾为徐悲鸿画马题句：

昔人画马能画骨，
悲鸿画马得传神。
若教伯乐今朝在，
此马能空万里群。[45]

但是，徐悲鸿革新中国画的主张遭到了保守派的反对，就连聘请齐白石担任教授一事，也成为众矢之的，引起了保守派的非难。忧愤之下，徐悲鸿决定辞职南下。临行，他来到齐白石家中话别。齐白石心情黯然，画了一幅《月下寻归图》送给悲鸿。画面上一位穿长袍的老者扶杖而行，这是齐白石的自写。他还忧伤地在画面上题了两首诗：

(一)

草庐三顾不容辞，
何况雕虫老画师。
海上清风明月满，
杖藜扶梦访徐熙。

旁边附一行小字：悲鸿先生辞余出燕，余问南归何所？答：月满在上海，缺，在南京。

(二)

一朝不见令人思，
重聚陶然未有期。
深信人间神鬼力，
白皮松外暗风吹。

齐白石还在给徐悲鸿画的一幅山水画上，题了这样一首诗：

少年为写山水照，
自娱岂欲世人称。
我法何辞万口骂，
江南倾胆独徐君。
谓我心手出怪异，
鬼神使之非人能。
最怜一口反万众，

使我衰颜满汗淋。[46]

诗中“江南倾胆独徐君”便是指徐悲鸿。他深深感激徐悲鸿能在他孤立的处境中，敢于“一口反万众”地支持和赞扬他。

徐悲鸿南下以后，齐白石和他保持了经常的信件往来。每有佳作，必寄给徐悲鸿，徐悲鸿便按白石的笔单寄回润金。当时正值齐白石精力旺盛的创作成熟期，他的很多佳作都被徐悲鸿购藏。

那时，齐白石还未正式出过画集，曾为赠亲友自己花钱石印了200本画集。徐悲鸿为了向更多的人介绍齐白石的艺术成就，向中华书局推荐出版齐白石画集。中华书局的主要负责人之一舒新城是位博学多才、又很重道义的有志之士，对徐悲鸿的主张一向支持，便慨然应允。于是，徐悲鸿亲自编辑，亲自撰写序言，正式出版了齐白石的第一部画集。这是徐悲鸿做的又一件让齐白石终生难忘的事。

1937年卢沟桥事变之后，年迈的齐白石留居沦陷的北平，徐悲鸿经常写信探问他的起居情况，并作了多首怀念他的诗：

（一）

烽烟满地动干戈，
缥缈湘灵意若何。
最是系情回首望，
秋风袅袅洞庭波。

（二）

卅载京华北斗尊，
笔歌墨舞气纵横。
声名中允契阔久，
庾信文章老更成。

（三）

幻想凝成幻景开，
江山终古属天才。
车轮舟楫遍难借，
愿送昆仑喜马来。

（四）

乱离阻我不相见，

屈指翁年已八旬。

犹是壮年时盛气，

必当八十始为春。[47]

抗战胜利后不久，徐悲鸿回到了北平，在西城跨车胡同那间装着铁栅栏的画室，分别17年的挚友重逢了。齐白石飘在胸前的长长的银须，也因快乐而抖动起来。他取下挂在腰间的长串钥匙，打开上了三道锁的大木柜，从里面拿出许多糕点来款待徐悲鸿和廖静文夫妇。虽然那些原来柔软的蛋糕和点心，因放置过久而变得象石头一样坚硬，徐悲鸿和廖静文还是在齐白石的劝说下，各自拿一块细细咀嚼，如同在吃可口的美味。

不久，徐悲鸿就任北平艺专校长，聘请齐白石为名誉教授。徐悲鸿亲自坐着小汽车去迎接他。

徐悲鸿到北平以后，与白石交往密切。有时齐白石到徐悲鸿家，有时徐悲鸿到齐白石家。他们还常在一起作画。徐悲鸿画鸡，齐白石便补块石头；齐白石画蜻蜓，徐悲鸿便补束花草。夏天的傍晚，齐白石还常到徐悲鸿长满青草、果树、花木的院子里乘凉，遇到不愉快的事便来找徐悲鸿，对徐悲鸿的话深信不疑。

现在，正当齐白石举棋不定，不知何去何从的时候，徐悲鸿又出现在他的面前。齐白石的脸上已失去了往日那安宁、沉静的笑容，他怀着深深的忧惧，准备立即携带全家老小，离开北平乘飞机去香港。

于是，徐悲鸿就劝齐白石不要听信谣言。

齐白石疑虑地问："悲鸿先生，你真的不走吗？"

"当然不走，我们全家都不走，北平艺专也不搬迁，大家都留在北平。"

"那么，共产党来了不会杀我？"

"决不会。共产党尊敬所有对文化有贡献的人，怎么会杀你呢？"

"悲鸿先生，那时我还能卖画吗？"

"当然能卖画，我保证你能继续卖画。"

徐悲鸿还告诉齐白石，北平和平解放的可能性很大。艺专的学生们已组织起来，决心保护学校。一旦城里出现混乱，他们就会接白石老人到艺专去住，请他不必担心。

年近90的齐白石听力已经很差，徐悲鸿附在他的耳边，大声地一字一句地把话都说清楚。齐白石的脸上露出了笑容，他相信徐悲鸿不会骗他，于是毅然取消了香港之行，还留徐悲鸿夫妇吃了湖南风味的午餐。

齐白石的心情平静了，他盼望已久的和平终于来到了。

注释：

[1] [2] [3] [4] [5] [6] [7] [8] [10] [11] [12] [18] [39] [41] [44]《白石老人自述》第96页、第97页、第98页、第98页、第99页、第99页、第99页、第100页、第100页、第102页、第102页、第104页、第105页、第106页、第108页。

[9] [13] [14] [15] [16] [17] [19] [20] [21] [22] [23] [24] [25] [26] [27] [28] [29] [32] [33] [34] [35] [37] [38] [40] [42] [43] [45] [46]《齐白石谈艺录》第93页、第94页、第94页、第36页、第95页、第95页、第3页、第38页、第38页、第52页、第7页、第74页、第56页、第80页、第83页、第83页、第43页、第9页、第58页、第15页、第16页、第88页、第93页、第55页、第91页、第91页、第42页、第45页。

[30] [31]《齐白石谈艺录》。

[36] 参见王振德、李天庥《齐白石谈艺录·前言》。

[47] 廖静文《徐悲鸿的一生》第343～344页。

第六章　耄耋之年

走出家门

1949年1月31日，历史永远也不会忘记这一天，漫漫长夜终于过去了，北平和平解放了。这天，全市举行了庆祝北平和平解放的盛大游行，欢乐的人们涌向街头，锣鼓声、口号声此起彼伏，北平成了一片欢乐的海洋。

刚刚过完89岁生日的白石老人，抑制不住自己激动的心情，在夏文珠女士的搀扶下，也走上大街，挤在欢呼的人群中，以十分欣喜的心情，迎接一队队的解放军入城。在将近一个世纪的生命历程中，老人经历了清末的黑暗统治；经历了辛亥革命的胜利果实被军阀窃取后，全国连年战争的混乱；经历了抗日战争，饱尝了亡国奴之苦；又亲身体验了国民党蒋介石发动内战给广大人民带来的深重灾难。今天，在中国共产党的领导下，人民终于获得了解放，他终于迎来了人民当家作主的时代，看到了清平盛世的到来。老人抑制不住内心的激动，他觉得天是那么的蓝，空气是那么的清新，鲜花是那样的妍丽，鸟儿叫的是那样的欢畅。他笑了，他笑在脸上，乐在心里，他要用自己的画笔记下这难忘的时刻，为新的生活增添光彩。新中国唤醒了他艺术上的又一个春天，从此，齐白石的艺术生活，进入了新的阶段。

几天以后，3个身穿军装、袖带臂章的年轻人，在齐白石的学生李可染的陪同下，来到了西城跨车胡同十三号齐白石的画室。老人觉得很奇怪，他们来干什么呢？经李可染介绍，老人顿时高兴起来。原来这3人是诗人艾青、画家沙可夫和江丰。

艾青、沙可夫和江丰都是北京军事管制委员会的文化接管委员。进北京城不久，艾青就四处打听齐白石老人的情况，得知他还健在，就约了江丰、沙可夫来看望、慰问这位蜚声海内外的国画大师。

艾青早年曾学过绘画，对齐白石的作品非常喜爱。他对齐白石说："我在十八岁的时候，看了老先生的四张册页，印象很深，多年都没有机会见到你，今天特意来拜访。"

老人问："你在哪儿看到我的画？"

艾青说："一九二八年，已经二十一年了，在杭州西湖艺术院。"

老人又问："谁是艺术院院长？"

艾青答道："林风眠。"

齐白石高兴了："他喜欢我的画。"

知道来访者都是艺术界的人，白石老人觉得亲近多了。他马上叫夏文珠女士研墨、铺纸，自己带上了袖套，开始精心细致地画起来。他送了艾青、沙可夫、江丰每人一张水墨画。送给艾青的一幅，上面画了四只半透明的虾，还有两条小鱼，题款是："艾青先生雅正　八十九岁白石"，又在画上盖了二方印："白石翁"、"吾所能者乐事"。

以后，艾青与老人成了朋友，收藏了不少白石老人的作品。他喜欢老人的红花墨叶，喜爱那充满生活气息和活力的牡丹、鸡冠花、丝瓜、葫芦、残荷，喜欢那气势。他曾收藏了白石画的一幅向日葵。画上题诗：

茅檐矮矮长葵齐，
雨打风摇损叶稀。
干旱犹思晴畅好，
倾心应向日东西。

画上题"齐白石居京师第八年画"，印章"木居士"。

又有一张柿子图，粗枝大叶，果实赭红，鲜艳夺目，上写"杏子坞老民居京华第十一年矣　丁卯"，印章"木人"。

一次，艾青在上海朵云轩买了一张齐白石画的二尺水墨画小松林，回到北京后拿到和平书店鉴定，人以为是假的。艾青就拿着画来到了白石老人家，挂起来给老人看。仔细看过之后，白石老人说："这个画人家画不出来的。"署名齐白石，印章是"白石翁"。

艾青还买了一张八尺的大画，画的是没有叶子的松树，树上结了松果，上面题了一首诗：

松针已尽虫犹瘦，
松子馀年绿似苔。
安得老天怜此树，
雨风雷电一齐来。

阿爷尝语，先朝庚午夏，星塘老屋一带之松，为虫食其叶。一日，大风雨雷电，虫尽灭绝。丁巳以来，借山馆后之松，虫食欲枯。安得庚午之雷雨不可得矣。

辛酉春正月画此并题记之。三百石印富翁五过都门。

下面还有八个字："安得之安字本欲字"。印为"白石翁"。

齐白石看后笑着对艾青说："这是张假画。"

艾青也笑着说："这是昨天晚上我一夜把它赶出来的。"

老人知道骗不了艾青，就又说："我拿两张画换你这张画。"艾青说："你就拿 20 张画给我，我也不换。"老人非常高兴，因为这是对他的画的赞赏。

艾青收藏的白石老人作品中，还有一幅是他很珍爱的。这是一幅麻雀，画上画了九只麻雀在飞，题诗：

叶落见藤乱，
天寒入鸟音。
老夫诗欲鸣，
风急吹衣襟。

枯藤寒雀从未有，既作新画，又作新诗，借山老人非懒辈也。观画者老何郎也。

齐白石看了这幅画，曾问艾青："老何郎是谁呀？我怎么记不起来了？"

白石老人确实年纪大了，体力不如从前，记忆力也不如从前了。但他对自己的艺术却是自信的、欣赏的。有一次他画虾，用笔在纸上画了一根长长的头发粗细的须，然后对艾青说："我这么老了，还能画这样的线。"

抗日战争爆发以后，白石老人以自己的特殊方式与敌伪斗争，闭门不出。以后他年事渐高，体力、精力都不如从前，与社会各界的接触也少了，不少文化界的知名人士他都不 知道。

一天，艾青去看他，老人拿了一张纸条问："这是个什么人哪，诗写得不坏，出口能成腔。”艾青接过来一看，原来是柳亚子写的，诗的大意是，你比我大 12 岁，应该是我的老师。艾青告诉他，柳亚子是有名的诗人，中央人民政府的委员。齐白石听后，面露愧色：“我真是两耳不闻天下事，连这么个大人物也不知道。”

人上了年纪，有时心情是很特别的，齐白石很希望亲朋好友常来看他。一段时间，他曾搬到自己的一个女弟子家住，李可染和艾青去看他。他忽然问李可染：“你贵姓?”李可染马上知道他不高兴了，解释说：“我最近忙，没有来看老师。”他又转身对艾青说：“艾青先生，解放初期，承蒙不弃，以为我是能画几笔的。”李可染赶紧说：“艾先生最近出国，没有来看老师。”齐白石这才平息了怒气。

不久，齐白石又搬回了跨车胡同。

艾青想要一张齐白石从来没有画过的画，齐白石欣然答应了。老人静思片刻，走到护士早已准备好的画案边，提笔画了一张水墨画。画上一只青蛙往水里跳的时候，一条后腿被草绊住了，青蛙的前面有三个小蝌蚪在欢快地游动，更显出青蛙挣脱不开的焦急。画好挂起，齐白石反复观看，觉得很满意：“这个，我从来没有画过。”并问艾青题什么款。艾青说：“你就题吧，我是你的学生。”齐白石于是题道：

青也吾弟　小兄璜　时同在京华　深究画法　九十三岁时记　齐白石

一天，艾青来到伦池斋，看见了一本册页，册页的第一张是白石老人画的：一个小木架上放着一个盘子，盘子放满了樱桃，有五颗落在盘子下面。由于店主人把价抬得很高，册页上还有许多别人的画，艾青就没买。他马上跑到白石老人家，齐白石问明样式后说：“我马上给你画一张。”他在一张两尺的琴条上画了起来。画好又题两句诗，字写得很大：“若教点上佳人口，言事言情总断魂。”但这幅画的色彩没有伦池斋的那幅鲜艳。

画好之后，艾青请白石老人到曲园吃了饭，送回老人后，又到伦池斋把那幅册页高价买下了。

齐白石画的润格，普通的画每尺 4 元。艾青以 10 元一尺买他的画，工笔草虫、山水、人物加倍，而且每次都请老人到饭馆吃饭，然后用车送他回家。

白石老人任中央美术学院教授，每月到校一次，画一张画给学生看，作示范表演。北平解放之初，有的学生提出，要把白石老人的工资断掉。当时艾青是接管中央美术学院的军代表，他表示坚决反对："这样的老画家，每月来一次画一张画，就是很大的贡献。日本人来，他没有饿死，国民党来，也没有饿死，共产党来，怎么能把他饿死呢？"当时徐悲鸿是美术学院的院长，这样的提案自然是通不过的。

北平解放不久，齐白石收到毛泽东主席写来的亲笔信，向白石老人问好。齐白石激动了，一个人民敬仰的领袖，能在处理国家大事的百忙中给一个老画家写信，问寒问暖，这是一个多么了不起的人啊！他操起刻刀，精心镌刻了"毛泽东"朱、白两文寿山名章，交给艾青，请他转达自己对毛主席的崇敬之情。

解放以后，党和人民政府非常关心齐白石的生活，曾送来三枝人参，比市上出售的人参更为肥大珍贵。齐白石舍不得服食，装在玻璃匣中，每年秋天取出来，放在院子里晒阳光。他感念党的温暖。

1950年4月，一个风和日暖的下午，齐白石很幸运地第一次作为毛主席的客人，在中南海的丰泽园与毛主席共进晚餐，朱德副主席作陪。席间毛泽东主席亲自为老人布菜，询问老人的健康情况和艺术生活情况。晚宴后，朱德副主席亲自送齐白石上了车。这是他终身难忘的一天。

周恩来总理很关心祖国文化艺术事业的发展，解放后，他曾多次看望过齐白石老人，关心他的生活。有一次，周总理来看齐白石，对他说："一些应酬画，没有条件就不要画了，想画时，作为消遣画画，不要为了生活再去勉强作画，要多注意休息。"周总理还通过美协每月补助齐白石一些生活费。根据周恩来总理的建议，白石老人的第四个儿子良迟辞去工作，专门侍奉白石老人并研习"齐派"绘画艺术。齐良迟自幼随父亲学习中国绘画的传统技法，24岁毕业于北京辅仁大学美术系，继而从事美术教育工作。他擅画花鸟虫鱼，作品题材广泛，讲究情趣，笔墨生动，富有民族气息。他亦擅诗文、书法、篆刻，作品多次在国内外报刊上发表。出版有《怎样画螃蟹》、《怎样画雏鸡》、《怎样画虾》等著作。

10月，为了感谢毛主席，白石老人把自己81岁时所作的最好的一幅作品《鹰图》和一付"海为龙世界，云是鹤家乡"的篆书对联，献给了毛主席。同时又把自己使用了多年、质地坚硬、发墨快而滋润的一方石砚送给了毛主席。毛主席收到这些珍贵的礼物后，很快就派人给老人送来了一笔丰厚的润例表示谢意。

“海为龙世界，云是鹤故乡”，多么铿锵有力的话语，多么雄伟的气魄！蛟龙入海，鹤翔云天，显示了齐白石这位老艺术家意气风发、豪情满怀，也象征着这位老画家广阔的胸怀、高尚的思想境界以及宏远的理想和抱负。

1950年6月27日，美国发动了侵朝战争，并且不顾中国人民的严正警告，把战火烧到了鸭绿江边，还派遣空军侵入我国东北领空，轰炸我国城乡，严重威胁我国的安全。党中央和中央人民政府作出了抗美援朝的战略决策。饱受战乱之苦的中国人民，掀起了轰轰烈烈的“抗美援朝，保家卫国”运动，人们增产节约，捐献飞机大炮，以实际行动支援前线。白石老人也贡献了自己的力量。这一年冬天，他精选了10多幅作品，参加北京市“抗美援朝书画义卖展览会”，支援中国人民志愿军，声讨美帝国主义侵略朝鲜的罪行。

1952年2月，白石老人又精心绘制了10余幅作品，参加了沈阳市举办的“抗美援朝书画义卖展览会”。

齐白石痛恨不义战争，希望世界和平，人民不再遭受妻离子散、家破人亡的痛苦，他画了多幅和平鸽。为了画好鸽子，为世界和平献一份力量，他让小儿子良末养了许多鸽子，对鸽子进行认真细致的观察。他曾说：“鸽子大翅不要太尖且直，尾宜稍长。”“要记清鸽子的尾毛有十二根。”“画鸽要画出令人感到和蔼可亲，才有和平气氛。”[1]白石老人在认真研究了立体派画家毕加索画的鸽子后说：“他画鸽子飞时，要画出翅膀的振动。我画鸽子飞时画翅膀不振动，但要在不振动里看出振动来。”他应《人民画报》之邀，为画报画了一幅《和平鸽》。

1952年，亚洲及太平洋区域和平大会在北京召开，为了表达对世界和平事业的拥护和支持，齐白石用了整整3天的时间，在“丈二匹”宣纸上彩绘了《百花与和平鸽》巨型画幅。画面上，春光明媚，百花盛开，一群鸽子仪态万千，安详地在百花丛中憩息、觅食，一切都是那样的和平、宁静。这幅画把老人对新中国的赞颂、对和平的向往的心境，淋漓尽致地表达了出来，赢得了与会的中外和平人士的由衷赞佩。

解放后，齐白石在党和政府的关心、照顾下，过着幸福的晚年。但在生活中，也曾有过不如意的事。

一天，白石老人愁容满面地在儿子的搀扶下，来到了徐悲鸿的家。原来照顾他达7年之久的夏文珠女士，为了一件小事发生纠葛，遂负气离去。

自胡宝珠去世后，为了照顾老人的生活，请了夏文珠女士。她尽其所能，精心照顾白石老人的起居生活。白石老人作画，夏女士则为他理纸、磨墨，伺应殷勤，时日渐久，老人几乎一刻都不能离开她。尤其是后几年，夏女士更为白石老人所倚重，老人甚至将他的润例提高一成酬谢她，她也以白石老人的代表人自居，应付内外一切事务，因而引起白石老人子女的不满，导致了一些家庭的不愉快。白石老人的女儿齐良怜回忆道："介绍人曾经劝过我父亲续弦和夏正式结婚，我们看得出夏的为人不善，便坚持反对，结果就以看护的名义留在父亲身边。不出我们所料，她看父亲喜欢她，慢慢的竟左右了父亲的意见，父亲从此对我们子女、儿媳的印象，渐渐凭她的感观而转变；门客买画的否诺，也都由她作了主张，还须按每尺画的润例加收一成归她所有。我的父亲对她，真可以说是言听计从，我们都因为看在父亲的份上，不好说什么；只是一家人的生活，受了这个影响而涣散了。这时候我四哥、五哥他们都从父亲手里拿了钱，各人分煮另爨，过着小家庭的日子，我最小的弟弟良末，还一直跟在父亲身边，只有我和二妹良欢、三妹良芷在一起。父亲虽然每天还是把一家人吃的米、面、油、盐拨出来，给佣人们做饭，可是我们既已失去母爱，又失去家庭的温暖，都不愿再在一起吃这种大锅饭菜，佣人们便一盆盆倒给捡垃圾的，像这样的浪费糟踏，父亲是一直被蒙在鼓里的。"[2]但白石老人似乎无暇顾及这些，这大概也是一个老年人心情特别的地方。

白石老人十分难过地对徐悲鸿、廖静文说："就是一件东西，用了七年，也舍不得丢掉，何况是个人呐!"

徐悲鸿极力安慰老人，劝他不要着急，并让廖静文劝夏女士回来。于是，廖静文四处奔走，寻找夏文珠女士的下落。几经周折终于找到了夏女士，但夏女士已准备结婚，不可能再回来了。得知这一消息，白石老人非常伤感，作诗怀念夏文珠女士：

眠食扶持百事精，
颐年享受亦前因。
一朝别去无人管，

始识文珠七载恩。

为了安慰白石老人，必须尽快给他再找一位护士。但一时哪能找到合适的人选呢？万般无奈，廖静文只好帮老人登报招聘。后来，白石老人的护士几经更换，老人的心情也因此颇受影响，不很愉快。徐悲鸿夫妇对这件事一直很关心。

这一年，徐悲鸿亲手栽种的水蜜桃结了累累果实。为了给白石老人增添一些喜悦，悲鸿特地派车将白石老人接来，请他摘桃子。那天，刚好下过一场大雨，不平整的路面积着雨水。汽车开到徐悲鸿家门口时，徐悲鸿夫妇用一张藤椅将白石老人抬进了院子。

白石老人十分高兴，笑呵呵地站在还滴着水珠的桃树旁，举起满是皱纹的手，缓缓地伸向果实累累的枝条，一个一个地摘下那鲜艳的水蜜桃。廖静文站在他身旁，用一只竹篮接着，徐悲鸿也在一旁兴致勃勃地帮着摘。竹篮很快就被摘下的桃子装满了。吃过午饭以后，带上这篮桃子，廖静文坐车送老人回跨车胡同，挽他下车的时候，老人说："要让桃子走在前面。"他就这样目不转睛地跟在桃子后面，走进了他的画室。

90岁高龄的白石老人，就像热爱生命一样，热爱一切美丽的东西。也正是由于热爱生活，他在耄耋之年，笔耕不辍，创作出大量的色彩斑斓的好作品。

1952年端午节的时候，老舍给白石老人送去了一些粽子。老人非常高兴，笑着说："我也送你几个粽子吧。"挥笔在展开的纸上精心画了几个粽子，并画上了枇杷和樱桃，画面十分简洁、别致。老舍非常赞赏，因为还没有什么人把粽子画入画中，而白石老人却把它表现得那么自然、精确。

老舍先生的夫人胡絜青是白石老人的入室弟子，造诣颇高。

丰产的一年

1953年1月7日，恰好是农历壬辰年十一月二十二日，白石老人93岁生日（实际上是90周岁寿辰）。首都文化艺术界举行了盛大庆祝会，庆祝白石老人93岁寿辰，同时还展出了40多件白石的作品。出席庆祝会的有文化部副部长周扬、中央美术学院院长徐悲鸿，还有作家茅盾、诗人艾青、剧作家田汉以及美术界人士200余人。

庆祝会上，中央人民政府副主席李济深讲了话。周扬副部长代表文化部授予白石老人荣誉奖状，称他为中国人民杰出的艺术家，并发表了热情洋溢的讲话：

> 齐白石先生是中国人民卓越的艺术家，他在中国美术创作上有特异的贡献。他的艺术继承了中国绘画的现实主义传统，发挥了"形神兼备"的特色。由于他出身劳动者，他的作品多取材于一般人民日常生活和接近的自然风物，具有健康、朴素的色彩。……

老舍、田汉等人也在会上发言，大家盛赞齐白石对祖国传统绘画艺术的发展所作出的卓越贡献，衷心地祝福老人健康、长寿。

晚上，中华全国美术工作者协会及中央美术学院举行庆祝宴会，周恩来总理出席并向白石老人表示祝贺，还与老人合影留念。老人激动的心情难以形容。

第二天，白石老人早早起来，来到画室，铺好纸，仔细地画了几幅画，送给周扬等几位同志。其中送给艾青的是一幅两尺长的画，画的是一筐荔枝和一枝枇杷，上面题："艾青先生　齐璜白石九十三岁"，印章"齐大"，下面一角还有一方印章"人犹有所憾"。

庆祝会过后不久，毛泽东主席派人补送了四件礼品：一坛湖南特产茶油寒菌；一对湖南胡开文笔铺特制长锋笔毫书画笔；一支东北野山参；一架鹿茸，以此祝贺白石老人93岁寿辰。得到这些珍贵的礼品，齐白石感到激动、幸福。他说：

> 我在六十多岁时，生怕到老眼花耳聋，手脚不灵，一旦不能作画刻印，就要饿死。如今，在共产党领导的天下，人人有事做，有饭吃，还费这么大的事替我做寿，古人说，"蔗境弥甘"，我可是享了这个福了。[3]

新中国建立后，我们的祖国进入了一个新时代。这个时代给齐白石的创作带来了新的活力。老人以愉快的心情清理出多年积存的宣纸，每天都要画几张画，他画花鸟，画鳞介，还画工人、农民。他曾画过手执铁锤的工人和一个农民并肩行进的作品，用来歌颂工农联盟。他还不止一次刻过"为人民服务"、"学工农"的印章。白石在90岁高龄的时候，还创作了《祖国万岁图》。这是一幅彩色万年青的画面，作品上方篆书了"祖国万岁"四个大字，表达了老人热爱祖国的心声。仅仅在1953

年一年，白石老人就作画大小600多幅，刻印还未计算在内，这是10多年来老人创作最多的一年。

这一年的12月，齐白石用了整整半月的时间，为东北博物馆书写了《党在过渡时期的总路线》的全文，还创作了《祝融朝日》、《旭日老松白鹤图》两幅画，送给毛主席，以表达对毛主席的崇敬心情。

白石老人不但自己不断求新，作画不已，而且还继续投身于美术教育事业。他担任中央美术学院名誉教授，每当天气晴朗之时，他便不顾年高体衰，到校授课，作画10余幅，分赠围观的学生。齐白石一生收了很多学生，其中李苦禅、李可染、于非闇等人在中国现代绘画中都可称之为大家。

李苦禅（1898—1983），原名李英，号励公，山东省高唐县人。他出生于贫苦农家，少年时期受到民间绘画艺人的影响，对绘画艺术发生兴趣。1919年只身来到北京，半工半读，进北京美术专科学校学习，生活很苦。同学们赠给他一个艺名"苦禅"，以后他遂改名为李苦禅。1923年，李苦禅拜齐白石为师。他对老师非常敬佩，经常说："我佩服齐公最大的长处是不拘泥古人，有独创性，在艺术上绝不人云亦云。干艺术就是要人有人格，画有画格。"齐白石也很赞赏这个勤奋好学、天资聪颖的学生。他曾亲自操刀，治了一方"死不休"的印章送给李苦禅，勉励苦禅刻苦努力，要有"语不惊人死不休"的精神。这方印在"文革"中被藏在鸡窝里而躲过了劫难。

一次，李苦禅画了一幅《鱼鹰图》，一片夕阳余晖闪烁的湖面上栖满了鱼鹰。齐白石看后，非常满意，欣然题词：

看见赣水石上鸟，
却比君家画里多，
留写眼前好光景，
蓬窗烧烛过狂波。

苦禅仁弟画此，与余不谋而合，因感往事，记廿八字。白石山翁。

又题道：

余门人弟子数百人，人也学吾手，英也夺吾心，英也过吾，英也无敌。来日英若不享大名，天地间里无鬼神矣！

白石老人对李苦禅倾注了很大的心血。李苦禅在大写意花鸟画方面既能继承古法，又能变化创新，其作品磅礴大气，沉郁雄深，于笔墨豪放、纵逸之中愈见意象之精微。齐白石善画写意荷花，李苦禅也画写意荷花，但却师白石而不同于白石。白石老人用拖笔画荷叶，而李苦禅却用点笔画荷叶；白石老人最拿手画秋荷，境界萧爽，苦禅却多写夏荷，花红叶肥，并点画翠鸟水禽，满幅生动勃郁。画鱼，则参意于八大山人、白石之间。画鹰与潘天寿磋艺，形如镰刀的鹰嘴，则属首创。戏剧家曹禺在李苦禅画集序言中写道："那万物的生动之气在纸上腾起；那美感与振奋之情已不被他所画的物象本身所限囿了。有人说，他的画水墨淋漓，气象千古。但我更感到他的画给了我们生命之感和热爱生命的感情；告诉我们人的伟大创造精神是无限的。"

李可染，1907 年生于江苏徐州。13 岁在家乡向钱食芝画师学习中国山水画。16 岁进上海美专学习。毕业后考入杭州国立西湖艺术院研究部，专攻素描、油画。抗战后期，住在重庆农村，住房紧靠牛棚，使他对辛勤耕耘的水牛发生了兴趣。在观察牛的过程中，他发现了许多生活的哲理。他为牛的鞠躬尽瘁、不畏艰苦的精神所感染，自那时开始，水牛牧童成了他经常画的题材，从此也开始了用水墨作画的生涯。他在早年学习中国画的基础上，以"用最大的功力钻进去，以最大的勇气打出来"为座右铭，继续钻研中国画。他擅长画山水，同时也喜欢画古典人物，用以寄托爱国的情思。他早期的水墨画用笔简约，格调不凡，颇有神韵，得到郭沫若、徐悲鸿、老舍等著名艺术家的赞赏。1946 年徐悲鸿主持北平国立艺专，立即聘请李可染到校任教。到北京后，他以甘当小学生的精神，拜齐白石、黄宾虹为师，得到他们的真传亲授。10 年时间都在追随两位大师，艺境精进，对中国画的造诣大大加深。

齐白石对李可染的画也是很欣赏的，尤其是他画的牛。李可染画牛，一直以崇敬"国兽"（郭沫若赞牛语）的品格而造型落笔。这只是他的创作动力，他的画的魅力乃在于健康清新的牧歌意趣以及与之相适应的笔墨表现形式。牧童驱牛出村庄，抬头看到出墙红杏，立于牛背上折花枝；甚至有牧童在牛背上放风筝的奇特构想，诗情画意袭人襟怀。李可染运用水墨画水牛，牛墨水白，最得虚实之趣，淋漓之致。擅长此道的今人画家，除潘天寿外无人可与李可染争雄。

一日，李可染画了一张牧牛图，画中一头躺着的水牛，牛的脊骨用一笔画下来，很有气势。一个小孩赤着背，手持鸟笼，笼中小鸟在叫，牛转过头来听叫声，趣味十足。齐白石看后，题字道：

心思手作不愧乾嘉间以后继起高手。

李可染学齐白石，不同于李苦禅。他是师心而不蹈迹。他钦佩老师的艺术“底子厚”，虚心体会其蕴藏，又常为老师理纸磨墨，观看老师如何濡笔挥毫。他既不画虾，也不画蛙，而是画了许多牧童水牛，即使不懂画的人也可以看出李可染画的神貌不是齐白石的样子。他从老师那里学的是更深一层的东西，重意境，重情趣，以及笔墨凝炼厚重，还有画品人品的表里关系等。

齐白石培养学生，主张学生创造自己的东西。他有句名言：“学我者生，似我者死”，引导学生不要满足从表面皮毛上去做简单的摹仿，要认真学习老师的创造精神和在艺术上锐意进取的魄力，所谓的师其心而不师其迹，也可称夺其心而不学其手。但可惜的是有些门人不能领悟，老人画什么，他画什么，从题材到笔墨，亦步亦趋，即便达到乱真的程度，也不过是像张彦远论六法所说，传移摹写“乃画家之末事”，没多大造诣。

白石老人诲人不倦，即使是在耄耋之年也不改变。

1950年秋天，熊十力的公子熊仲光，经湖南湘潭县一位老先生介绍，开始从白石老人学国画。后来他回忆道：“……蒙白石老人不弃，亲笔作画一幅示范，并示知用何纸、笔、墨、色临摹。我回家后，买来各种用品，照样画了几张，因以前不曾学过，故画得不像。异日携画前往请益，齐师看后很高兴，说：‘这是你画的呀！’提笔在画上题字云：‘仲光弟子初学予画，笔情高雅可喜，记之。’此字尚存。以后每次前往学画，必题数语以为勉励，并嘱学画以清晨最好。”[4]齐白石汲引后学，诲人不倦，使熊仲光增加了学画的兴趣和信心，从师几年中，学到了很多东西。

著名的评剧表演艺术家新凤霞与白石老人还有一段不解之缘。1952年初的一天，新凤霞与丈夫吴祖光在家中举行敬老宴会，不少文化界的名流赶来参加，白石老人在护士的搀扶下也赶来了。新凤霞从小就酷爱白石老人的画，老人也很喜欢听新凤霞那甜美的唱腔，彼此相知，却从未见过面。宴会的气氛非常热烈。在众人的撮合下，新凤霞拜了白石老人为干爹，老人真是高兴极了。第二天，白石老人在跨车胡同自己的画室里，款待了前来拜访的干女儿、干女婿，并为他们画了一幅《红叶秋蝉》。蝉翼以工整细笔描绘，枫叶则草草挥毫而就，是工是写，皆得形神之妙。老人在画上题道："祖光凤霞儿女同室　壬辰七月五日拜见九十二岁老亲题记"。

1954年1月，白石老人破例为东北博物馆作《折枝花卉卷》，并在他三子良琨所画的昆虫册上补花卉。

3月，东北博物馆举办了"齐白石画展"，齐白石写行书横披致谢道：

> 东北博物馆举办白石画展，集余往昔及近年所作数拾幅于一堂，与我东北同（志）相见，幸何如之！白石老年身逢盛世，国内外人士对余画之爱戴，应感谢毛主席与中国共产党对此道的倡导与关怀。余老矣，不能远道北上共与其事，特写尺纸以表向往之忱。[5]

4月28日，中国美术家协会在北京故宫博物馆举办了"齐白石绘画展览会"。

8月，湖南人民选白石老人为全国人民代表大会的代表，他感到非常光荣，特地为《新湖南报》画了一幅画，感谢家乡人民对他的信任。9月15日，他出席了首届全国人民代表大会第一次会议。

解放以后，白石老人的艺术得到了社会的充分肯定，他得到了人们的尊敬。1952年，白石老人被选为中国文学艺术界联合会主席团委员。1953年徐悲鸿去世，齐白石继徐悲鸿之后被选为中国美术家协会主席，同年又被推选为北京中国画研究会主席。

白石老人还得到了世界各国人民的尊敬和爱戴。有许多国际名画家来到跨车胡同的白石画室拜访他。如前苏联画家米·格拉西莫夫把自己的一册画集送给他；维·谢·克里马申为他画了一幅神采奕奕的画像；亚·扎莫什金研究了他的艺术成就，在莫斯科作了多次报告。

1955年12月11日，德意志民主共和国总理格罗提渥、副总理兼外交部长博尔茨来我国进行友好访问，代表德国艺术科学院授予齐白石通讯院士的荣誉状，这在当时的民主德国是一种很高的荣誉。为表示感激，白石特意选了两幅自己的精品作为礼物送给德国客人，一幅《鹰》送与格罗提渥总理，另一幅《菊花蝴蝶》送给博尔茨副总理。

1956年1月，在白石诞辰96岁之际，苏联对外文协和艺术工作者，先后在莫斯科和基辅集会以庆祝。

直到这时，白石老人还在不倦地作画。

荣誉与成就

1956年4月27日，一个让人难忘的日子，世界和平理事会书记处宣布，把1955年国际和平奖金授与中国画家齐白石。

新中国建立以来，齐白石为了世界和平事业，作出了自己的最大努力，尤其是1955年。

1955年2月17日，首都文学艺术界响应世界和平理事会的号召，召开了关于发动大规模反对使用原子武器的签名大会。齐白石在大会上作了讲话，他痛斥美帝国主义，号召全世界人民起来维护世界和平，并在告世界人民书上签下了自己的名字。

6月，齐白石与陈半丁、何香凝、于非闇等14位画家，用了半年的时间，集体创作巨幅画作“和平颂”，由我国出席世界和平大会的代表团带往芬兰赫尔辛基献给了大会。

鉴于齐白石对世界和平事业所做出的卓越贡献，世界和平理事会决定把1955年度的国际和平奖金授予齐白石。这一年国际和平奖金获得者共有4人，齐白石是其中的一位。

9月1日晚，首都隆重地举行了授予齐白石世界和平理事会国际和平奖金仪式。世界和平理事会副主席、中国人民保卫世界和平委员会主席郭沫若主持会议并致词，茅盾代表世界和平理事会国际和平奖金评议委员会授予齐白石荣誉奖状、一枚金质奖章和500万法朗的奖金。周恩来总理亲自到会，向白石老人表示祝贺。

在热烈欢乐的气氛中，世界和平理事会书记处的代表阿尔弗莱多·瓦列拉走上主席台，发表了热情洋溢的讲话：

> 我记得我在阿根廷的一个省份里，即在拉·里龙哈省里，见到一株十九世纪初叶所种的橄榄树。这株老树还是那般葱翠和欣欣向荣，每年都生产了许多美味的橄榄。我们看您就象那棵开花结果的巨树一样，年高，但朝气蓬勃，永远富于创造性；在精美的作品中一次再一次地表现出来。
>
> 亲爱的大师，您是多么的幸福啊！您生活在这个国家中间，得

到了中国人民给您应享有的热爱，这个强大的人民共和国已经赋予这一种最古老的文化以新的生命。在一个国家的艺术家中间有齐白石这样一个杰出的创造者，这个国家是多么幸福啊！

在与会者热烈的掌声中，白石老人激动地致了答辞：

世界和平理事会把国际和平奖金获得者的名义加在齐白石的名字上，这是我一生至高无上的光荣。我认为这也是给予中国人民的无上光荣。我九十六岁的高年，能借这个机会对国家社会，对文艺界有些小贡献以获得这样荣誉，这是我永远不能忘的一件事。正由于爱我的家乡，爱我祖国美丽富饶的山河土地，爱大地上的一切活生生的生命，因而花费了我的毕生精力，把一个普通中国人民的感情画在画里，写在诗里。直到近几年，我才体会到，原来我追逐的就是和平。

我对于文化交流导致和平这件事深愧贡献不大，今天接受这种荣誉很觉过分。但假如由这件事可能引起全国乃至全世界一般文化工作者、文艺爱好者对于和平生活的共鸣，我是感到无比愉快的。我虽已年高，但艺术的生命是无穷无尽的，我很愿意尽一点力量，使我国有优良传统的国画更加发扬和进步。[6]

白石老人还在会上宣布，把和平奖金的一半长期存在银行里，每年所得的利息以“齐白石国画奖金”的名义，奖给优秀的国画家，并请郭沫若、陈叔通、叶恭绰、陈半丁和罗隆基代他筹划这一奖金的用法。他要用行动来奖掖后生，发展国画事业。

齐白石还收到了来自世界各地的不少贺电、贺信。其中，苏联对外文化协会理事会和有关的艺术团体拍来电报，表示祝贺；著名的日本和平人士、国际和平奖金获得者画家赤松俊子和丸木位里也来信表示诚挚的贺意。

这一年，齐白石已是 96 岁高龄了。老人一生养生有道，平日不饮酒，只有在吃过寒性大的食物后才饮一小杯，以解寒凉。自年轻时接受朋友劝告戒烟，几十年再没动过。老人喝茶只喝清淡的茶，有时喝白开水。他没有高血压、冠心病等疾病。平时很喜欢走路，直到 80 多岁时，还常从西单辟才胡同步行到前门大街饭馆用餐。往返路程甚远，他却毫无倦意。他认为自己长寿的原因之一是在画完画后，悬挂于壁，自己就坐在对面细细端详，感觉心情非常舒畅，颇能起到祛病延年之功效。他曾对人谈及养生之道有三：谨言语、节饮食、省睡眠。他平日除作画之外，就种花养鱼及饲养虾、蟹、小鸡等动物，以观其形态动作，很少与人说话。有客人来谈话，就端坐静听，有时讲小故事，数语即毕，饶有风趣。饮食不多，定时定量。每天睡眠不超过 8 小时。清晨即起，学生来后就作画，切磋琢磨。午睡靠在躺椅上，小憩便醒，继续作画，天黑才休息。

这样有规律的生活伴了他一生。现在，他明显的老了，精神不振，爱睡觉，不爱说话，食欲不好，记忆力也有所减退。虽然还常画画，但经常画一半就以为画完了，或题字时只题一部分，写字也常多一笔或少一笔的。

1957 年春夏之际，白石老人开始患病。党和政府非常关心他的身体情况，请有名的中西医师来为他看病。5 月 22 日下午，毛主席还派了秘书来慰问他。

一天早晨，风和日暖，白石老人起床后，没用别人扶持，自己从卧室走到了画室，他要作画。老人的五子良已赶紧铺开纸，准备好了颜料等东西。齐白石和往常一样，挽起袖子，不慌不忙地选出想用的笔，又用手摸了摸纸，仔细辨别了纸的正反面，然后拿起笔，对着纸停视了片刻，就小心翼翼地蘸了洋红。良已一看用大笔蘸洋红，就知道父亲要画牡丹了。牡丹花是老人最喜画的花卉之一，他一生画过多少幅牡丹，自己都记不清了。每年牡丹花开的季节，老人都到公园去赏花，观赏牡丹花的各种姿态。他画的牡丹千姿百态，富丽堂皇，欣欣向荣。这一天，老人的情绪很好，兴致极高，用墨用色，信手拈来，笔尖用极重的洋红，笔根水份饱满欲滴，画得淋漓尽致，颜色美艳绝伦，花叶由下到上是墨绿至老黄，有墨有色，色墨交替。色未干时用苍劲的笔法勾的叶筋，时隐时显，使得茁壮的叶子能分出阴阳向背和前后的层次来。画好最后一片叶子，老人让良已把画用铁夹子夹在横在屋里的一根铁丝上。这是他的老习惯。他说："作画是在桌上，看画是在墙上。所以，画完必须挂起才能看出好坏。"他坐在椅子上看了许久，又拿回画案上，特别小心地添了几笔动叶，再挂起来。最后才苍劲地题上了"九十七岁白石"的字样。这幅牡丹花是老人一生中最后的一幅画。

9 月 15 日清晨，白石老人感觉身体不适，家人赶紧请来一位中医给他诊治，服了一剂汤药，病情未见好转，不久就昏迷了。消息传到中国美术家协会，负责同志立即到北京医院请来了专家会诊，使用了各种办法，但白石老人的病情没有好转。

16 日下午 3 时，齐白石的病情恶化，4 时在医护人员的精心护送下转到北京医院抢救。虽经多方努力，老人终因心脏过于衰弱，于 6 时 40 分与世长辞了，终年 97 岁。

消息传出，首都各界人士都倍觉哀痛。9 月 17 日，中央人民广播电台播发了齐白石逝世的消息，首都的各大报纸《人民日报》、《光明日报》、《中国青年报》、《工人日报》以及全国各省市的报纸都刊载了消息。并成立了“齐白石治丧委员会”，郭沫若为主任，委员有于非闇、方人定、叶浅予、田汉、刘开渠、齐燕铭、老舍、阳翰笙、沈尹默、关山月、何香凝、吴作人、李济深、周恩来、周扬、沈雁冰、陈半丁、陈叔通、郑振铎、夏衍、梅兰芳、黎锦熙、蔡若虹、钱俊瑞等 25 人。

这一天，齐白石的遗体在北京医院入殓。遵照老人生前的嘱咐，把刻着自己姓名籍贯的石印两方和使用了快 30 年的红漆拐杖等一并入殓。随后移灵嘉兴殡仪馆。中央和国家机关、社会团体、国际友人及齐白石的生前友好都送来了花圈和挽联。

中国美术家协会的挽联写着：

抱松乔习性，守金石行操，峥嵘九七春秋，不愧劳动人民本色；

抒稻忝风性，写虫鱼生趣，灼烁新群时代，凭添和平事业光辉。

郭沫若写的挽联是：

百岁老人，永使百花齐放；

万年不朽，赢得万口同声。

周恩来总理送了花圈。

9 月 21 日，北京各界人士络绎不绝地前往祭奠。

9 月 22 日上午 7 时 30 分，在嘉兴寺举行了由郭沫若主祭的公祭，周总理及中央许多负责同志都参加了公祭。参加公祭的还有外国驻中国大使馆的代表。祭毕，移灵西郊湖南公墓安葬。

一代艺术大师从此长眠了！

齐白石是一位艺坛巨匠，他的成功之路是崎岖不平的。他与历史上的文人画家，有着完全不同的出身和经历。他发展了中国的传统绘画，起了承前启后的作用。他的艺术，不仅影响了现代中国画，也影响到今后中国画的发展。他的影响还波及到亚洲、欧洲及全世界艺坛。

齐白石是一位全面发展的大师，他评价自己的艺术时曾说："诗第一，印第二，字第三，画第四。"能诗、画、字、印都精的画家，在中国近、现代画坛上，几乎是绝无仅有的。他是艺坛的奇葩，是中国的，也是世界的！

注释：

[1] 见《齐白石谈艺录》。

[2] 齐良怜《我的父亲齐白石》。

[3]《白石老人自述》第96～97页。

[4] 熊仲光《记国画大师白石老人》。

[5] [6]《齐白石谈艺录》第96页、第97页。

后　记

每一位艺术家都是社会的人，他们的作品都是其所生活的时代精神的反映。因此在研究一个艺术家的时候，应把他放在社会历史大背景中去考察，这是我写《艺苑奇葩——齐白石》力图把握的一点，也是这本书与其他有关齐白石的著作的区别所在。由于才识水平的局限，这一目的是否已完全达到，我不敢妄言，只有请读者来判断了。

齐白石出身于一个世代务农的农民家庭，只读过半年书。他的成功，一方面是他幸运地遇到爱才的“伯乐”；另一方面很重要的因素，是他自己勤奋刻苦的奋斗，孜孜不倦地追求的结果。他不仅是个诗、画、印的全才，而且在中国绘画发展史上起到了承上启下的作用，给近现代处于变革中的中国传统绘画带来了勃勃生机。在本书的写作过程中，我试图从中国美术历史发展变化及艺术家本人所占据的地位与起到的作用的角度，研究齐白石的一生，对他在中国画坛上的历史地位给予肯定。

关于白石老人的一生，研究资料既庞杂又单一，概括起来说，是回忆性资料多而档案性资料少，这给本书的写作带来了诸多不便。在本书成书过程中，参阅了白石老人及其后代、门人写的大量回忆文章，以及大陆、香港、台湾出版的有关白石老人生平的著作和文章，兹不一一列举。值得提到的是王振德、李天麻两位先生辑录的《齐白石谈艺录》，为研究齐白石的艺术生涯提供了便利条件。此外，本书写作中还吸取了王伯敏主编的《中国美术通史》，张少侠、李小山的《中国现代绘画史》的研究成果。兰州大学出版社的编辑同志为本书的出版付出了辛勤的劳动，在此一并表示衷心感谢。

本书是在比较短促的时间内写成的，加之材料和水平所限，书中可能会有一些错误和疏漏之处，衷心希望得到专家学者和广大读者的指正。

白　巍
1995 年 7 月